ग़ज़ल 2000

धूप जनवरी की

फूल दिसम्बर के

अमीर ख़ुसरो

ग़ज़ल 2000

धूप जनवरी की
फूल दिसम्बर के

इन्तिख़ाब

बशीर बद्र

सहयोग

ओ.पी. मुंजाल

ग़ज़ल स्कालर्स

1900-1999	1800-1899	1799 तक
डॉ. राहत बद्र	मलिकज़ादा जावेद	ख़ुसरो मतीन
डॉ. रफ़त सुलतान	अंजुम बाराबंकवी	अशोक मिज़ाज़

वाणी प्रकाशन

वाणी प्रकाशन

4695, 21-ए, दरियागंज, नयी दिल्ली 110 002

फ़ोन : +91 11 23273167 फ़ैक्स : +91 11 23275710

शाखाएँ

अशोक राजपथ, पटना 800 004, बिहार

कॉफ़ी हाउस कैम्पस, महात्मा गांधी मार्ग, इलाहाबाद 211 001, उत्तर प्रदेश

महात्मा गांधी अन्तरराष्ट्रीय हिन्दी विश्वविद्यालय, वर्धा 442 001, महाराष्ट्र

सुल्तानिया रोड, मोतिया पार्क, भोपाल 462 001, मध्य प्रदेश

www.vaniprakashan.com
marketing@vaniprakashan.in
sales@vaniprakashan.in

Ghazal 2000
Edited by Bashir Badra

ISBN : 978-93-87024-42-7
Ghazals

पेपरबैक संस्करण 2000, 2004, 2007, 2012, 2013, 2018
पेपरबैक सातवाँ संस्करण 2022

मूल्य : ₹ 225

जयंत प्रिंटरी, एलएलपी, मुम्बई-02 में मुद्रित

वाणी प्रकाशन का लोगो मक़बूल फ़िदा हुसेन की कूची से

ग़ज़ल की किताब तय्यब बद्र (7 साल) के नाम

जो अभी इस मिस्रे
का शायर है

अपनी छत को तोड़ोगे तो तुम भी टूट जाओगे

अब तक ग़ज़ल की किताबें ज़िन्दगी
का पता देती थीं—यह ज़िन्दगी की किताब है—
LIFE LIKE जो ग़ज़ल का पता देती है—गोरी जागी सेज से
हम को आना है, हम को जाना है
जो नया है वही पुराना है।

55 बरस पहले एक कस्बे के मर्दाने कमरे में क़ुरआन पढ़ती हुई नन्ही-मुन्नी आवाज़ को राह चलती दुआएँ दस्तक देती थीं। एक दिन अब्बा ने मेरे सर पर हिदायत की चपत लगा कर कहा था—बेअदब नंगे सर क़ुरआन नहीं पढ़ा जाता—पचपन बरस बाद ख़ाना-ए-क़ाबा में बचपन की मासूमियत की तस्दीक हुई कि उसके हुज़ूर नंगे सर नंगे पाँव जाओ—बदन पर सिला हुआ कपड़ा न हो—मेरी समझ में आया कि दिल, ख़ुदा और शायरी के दरमयान जूते और टोपी को नहीं आना चाहिये।

हमारी ग़ज़ल की तनक़ीदक ने अच्छे शेरों की तलाश के अलावा बाक़ी सारे काम किये हैं।

ग़ज़ल का ये इन्तिख़ाब ग़ज़ल के शायर ने किया है, दुनिया जब कल्चर्ड हो जाएगी तो सारी दुनिया में ग़ज़ल कॉमन हो जाएगी। ग़ज़ल आज भी एशिया के तमाम मज़हबों की शायरी है।

अब इसका निशाना पूरी दुनिया है। सियासत की अपनी ज़रूरत है वो हिंदोस्तान को पाकिस्तान, भारत, बांग्ला देश में तक्सीम कर सकती है, इसके अलावा और भी कुछ कर सकती है।

शायरी मुख़्तलिफ़ मुल्कों और जुबानों को एक कर देती है। शेक्सपीअर, कीट्स, कालिदास, मीरा, कबीर, मीर और ग़ालिब, किसी भाषा के नहीं बल्कि शायरी के नाम हैं।

बशीर 'बद्र'

भारत के राष्ट्रपति
श्री के. आर. नारायणन्
का अभिभाषण
नई दिल्ली

आज की मेरी स्थिति शायद अमीर खुसरो के इस मिस्रे के भाव के अनुरूप है :

ज़बाने यार मन तुर्की, व मन तुर्की नमी दानम

सदियों से हिन्दुस्तानियों की यही स्थिति रही है। तथापि दिल से जुड़ी यह भाषा, हमारे लिए बहुभाषा-जनित परिस्थितियों पर विजय पाने में सहायक सिद्ध हुई है।

उर्दू भारत की सामासिक संस्कृति का ख़ज़ाना है। इस प्रकार उर्दू भाषा विविधताओं भरे हमारे विशाल देश में राष्ट्रीय एकता और अखण्डता, साम्प्रदायिक सौहार्द और सामाजिक एकता का एक सौम्य और सशक्त साधन हो सकती है। उर्दू समाचार-पत्र भारत में जगह-जगह छोटे-छोटे समूहों में बिना पर्याप्त पूँजी के प्रकाशित हो रहे हैं। पूँजी के नए स्रोत जुटाकर तथा प्रबन्धन के नए तरीके आरम्भ करके उर्दू समाचार-पत्रों के प्रकाशन-ढाँचे का आधुनिकीकरण किया जा सकता है। उर्दू समाचार-पत्रों की पाठक संख्या में अभी पर्याप्त वृद्धि नहीं हो पाई है। यह कहा गया है कि उर्दू समाचार-पत्र उद्योग एक नॉर्थ क्लिफ या मरडॉक के पहुँचने का इंतजार कर रहा है। यह पत्रकारिता और उर्दू भाषा तथा साहित्य के लिए, जो कि हमारी सामासिक संस्कृति के मूल्यों और राष्ट्रीयता की भावनाओं का एक भण्डार है, एक योगदान सिद्ध होगा। मैं उर्दू भाषा के खुशबूदार सयानपन के बारे में. जिसे समाचार-पत्र अपनी मातृभूमि की भलाई के लिए लोगों के बीच बखूबी फैला सकते हैं, बशीर बद्र को ये पंक्तियाँ उद्धृत करते हुए अपनी बात समाप्त करता हूँ :

सुना के कोई कहानी हमें सुलाती थी
दुआवों जैसी बड़े पानदान की खुशबू
वह इतरदान-सा लहजा मेरे बुजुर्गों का
रची-बसी हुई उर्दू ज़बान की खुशबू

जय हिन्द

उर्दू ज़बान की ख़ुश्बू

नई देहली–राष्ट्रपति श्री के. आर. नारायणन् ने यहां कुल हिन्द उर्दू सम्पादक कॉफ्रेंस में अपने अभिभाषण की शुरुआत अमीर ख़ुसरो के इस मिसरे से की :

ज़बाने यार मन तुर्की व मन तुर्की नमी दानम

राष्ट्रपति ने अपने भाषण के आखिरी उर्दू ज़बान की ख़ुश्बू और नज़ाकत के बारे में बशीरबद्र के यह शेर पेश किये :

सुनाके कोई कहानी हमें सुलाती थी
दुआओं जैसी बड़े पानदान की ख़ुश्बू
वो इत्रदान सा लहजा मेरे बुर्जगों का
रची बसी हुई उर्दू ज़बान की ख़ुश्बू

गोरी सोये सेज़ पर मुख पर डाले केस
चल ख़ुसरो घर आपने साँझ भई चहुँ देस

—अमीर ख़ुसरो

अमीर ख़ुसरो

ता

बशीर बद्र

उजाले अपनी यादों के हमारे साथ रहने दो
न जाने किस गली में ज़िंदगी की शाम हो जाये

—बशीर 'बद्र'

इक चीज़ थी ज़मीर जो वापस न ला सका
लौटा तो है ज़रूर वो दुनिया ख़रीद कर —*क़मर इक़बाल*

हर इक बच्चा अदब करने लगा है
बुढ़ापा मुझ पे शायद आ गया है —*सय्यद सईद अख़्तर*

ख़बर क्या थी जश्ने-बहाराँ की ख़ातिर
हमें आशियाना जलाना पड़ेगा —*फ़ना निज़ामी*

दुश्मनी का सफ़र इक क़दम दो क़दम
तुम भी थक जाओगे हम भी थक जाएँगे —*बशीर 'बद्र'*

ये सरकशी कहाँ थी हमारे ख़मीर में
लगता है अस्पताल में बच्चे बदल गये —*शकील जमाली*

तुम राह में चुपचाप खड़े हो तो गये हो
किस किस को बताओगे कि घर क्यूँ नहीं जाते —*अमीर आग़ा क़ज़लबाश*

एक शोला सा गिरा शीशे से पैमाने में
लो किरन फूटी सवेरा हुआ मैख़ाने में —*ख़ुमार बाराबंकवी*

करे दरिया न पुल मिसमार मेरे
अभी कुछ लोग हैं उस पार मेरे —*महशर बदायूँनी*

डरो इनसे कि इन ख़स्ता तनों में
लहू कम है हरारत कम नहीं है —*महशर बदायूँनी*

कलाम करते हैं दर, बोलती हैं दीवारें
अजीब सूरतें होती हैं इंतिज़ार में भी —*महशर बदायूँनी*

अजब वो शहरे-सितमगर था छोड़कर जिसको
बहुत ख़ुशी हुई और फिर बहुत मलाल हुआ —*महशर बदायूँनी*

फिर सजा देगा वो यादों के अजायबघर में
सोच के अहदे-जुनूँ का कोई सिक्का मुझको —*दाराब बानो 'वफ़ा'*

वो ज़िंदगी के कड़े कोस! याद आता है
तिरी निगाहे करम का घना घना साया —*फ़िराक़*

भला हुआ कि कोई और मिल गया तुम सा
वगरना हम भी किसी दिन तुम्हें भुला देते —*ख़लीलुर्रहमान आज़मी*

अजीब शख़्स है नाराज़ हो के हँसता है
मैं चाहता हूँ ख़फ़ा हो तो वो ख़फ़ा ही लगे —*बशीर 'बद्र'*

वो देवदार की टहनी पे रुक गया सा चाँद
हवा चले तो अभी करवटें बदलने लगे —*विमल कृष्ण 'अश्क'*

मैं दिन हूँ मेरी जबीं पर दुखों का सूरज है
दिये तो रात की पलकों पे झिलमिलाते हैं —*बशीर 'बद्र'*

रात बाक़ी थी जब वो बिछड़े थे
कट गई उम्र, रात बाक़ी है —*खुमार बाराबंकवी*

यूँ न मुरझा कि मुझे खुद पे भरोसा न रहे
पिछले मौसम में तिरे साथ खिला हूँ मैं भी —*मज़हर इमाम*

ये एक अब्र का टुकड़ा कहाँ कहाँ बरसे
तमाम दश्त ही प्यासा दिखाई देता है —*शकेब जलाली*

मंज़िले-सुबह आ गई शायद
रास्ते हर तरफ़ को जाने लगे —*महबूब ख़ज़ाँ*

शम्आ का ज़िक्र और मेरे सामने
क्या जली इक रात, जल कर रह गयी —*मंज़र लखनवी*

शाद तो क्या बर्बाद करोगे
लो दिल लो क्या याद करोगे —असर लखनवी

कोई आज तक न समझा कि शबाब है तो क्या है
यही उम्र जागने की, यही नींद का ज़माना —नुसूर वाहिदी

हुस्ने-बेहिजाब पर कोई परदा डाल दो
तुम इसे सनम कहो, मैं इसे ख़ुदा कहूँ —नुसूर वाहिदी

हम जान छिड़कते हैं जिस फूल की ख़ुशबू पर
वो फूल भी काँटों के बिस्तर पे खिला होगा —माधव मधुकर

ये कौन शख़्स है, ये किस क़दर अकेला है
ये शख़्स भीड़ में अकसर दिखाई देता है —ज़का सिद्दीक़ी

हवा की तरह वो आये तो फूल बन जाऊँ
चमन के रंग मिरी चूड़ियों में भर जाएँ —रेहाना रूही

तलवे जख़्मी होने दे
फूलों पर मत पाँव रख —नसीम सहर

हम ज़हीन बच्चों से हो गये थे यूँ ख़ाइफ़
मदरसों में छुट्टी की घंटियाँ बजा दी थीं —सादीया रौशन सिद्दीक़ी

उसकी ख़ुशबयानी पर ख़ुशख़्यालियाँ अपनी
बे सुने हुए उसको तालियाँ बजा दी थीं —सादीया रौशन सिद्दीक़ी

तुम्हारे बाद न देखा गया किसी का मिलाप
उड़ा दिये हैं परिन्दे शजर पे बैठे हुए —अज्ञात

तमाम उम्र मेरा दम इसी धुएँ में घुटा
वो इक चराग़ था, मैंने उसे बुझाया है —बशीर 'बद्र'

अब थकन पाँव की ज़ंजीर बनी जाती है
राह का ख़ौफ़ ये कहता है कि चलते रहिए —मेराज फ़ैज़ाबादी

क्या कहूँ दीदा-ए-तर ये तो मेरा चेहरा है
संग कट जाते हैं पानी की जहाँ धार गिरे —शकेब जलाली

हम ऐसे पेड़ हैं जो छाँव बाँट कर अपनी
शदीद धूप में ख़ुद साये को तरसते हैं —दाराब बानो वफ़ा

मैंने इस ख़ौफ़ से बोये नहीं ख़्वाबों के दरख़्त
कौन जंगल में उगे पेड़ को पानी देगा —दाराब बानो वफ़ा

मैं सो भी जाऊँ तो क्या मेरी बन्द आँखों में
तमाम रात कोई जागता लगे है मुझे —जाँ निसार अख़्तर

बेचारगी ने मार दिया इसको जीते जी
पकड़ा गया वो अपना कफ़न बेचता हुआ —शुजाअत अली राही

जैसा दर्द हो वैसा मंज़र होता है
मौसम तो इन्सान के अन्दर होता है —अज़ीज़ एज़ाज़

तुम अभी शहर में क्या नए आए हो
रुक गए राह में हादसा देख कर —बशीर 'बद्र'

कल रात जो ईंधन के लिए कट के गिरा है
चिड़ियों को बड़ा प्यार था उस बूढ़े शजर से —परवीन शाकिर

हाथ छूटें भी तो रिश्ते नहीं छोड़ा करते
वक़्त की शाख़ से लम्हे नहीं तोड़ा करते —गुलज़ार

दुश्मनों की भीड़ में कुछ दोस्त भी मौजूद हैं
देखते रहना करेगा मुझ पे पहला वार कौन —मंज़र मजीद

मिलते हैं अब तो सिर्फ़ ज़रूरत के मोड़ पर
ये शहर दोस्तों का नहीं, ताजिरों का है —*रऊफ़ शेख़*

शबे-इन्तज़ार की कश्मकश में न पूछ कैसे सहर हुई
कभी इक चराग़ बुझा दिया कभी इक चराग़ जला दिया —*मजरूह सुलतानपुरी*

गलियों में वही लड़के हाथों में वही पत्थर
क्या लोग मोहब्बत को हर दौर में मारेंगे —*अनवर नदीम*

तमाम ऊँचे दरख़्तों से बच के चलता हूँ
मुझे ख़बर है कि साया किसी के पास नहीं —*मुमताज शकेब*

कोई ख़ातिर न मदारात न तकरीबे विसाल
हम तो बस चाहते हैं तेरी नज़र में रहना —*परवीन शाकिर*

ज़ीस्त हमसाये से माँगा हुआ ज़ेवर तो नहीं
एक धड़का सा लगा रहता है खो जाने का —*मोहसिन भोपाली*

हम से पूछो मिजाज़ बारिश का
हम जो कच्चे मकान वाले हैं —*अश्फ़ाक़ अंजुम*

चिराग़ बन के जले हैं तुम्हारी महफ़िल में
वो जिनके घर में कभी रौशनी नहीं होती —*नरेश कुमार शाद*

रुतों के साथ वो पोशाक भी बदलता है
ज़हीन है जो ज़माने के साथ चलता है —*हिना गोरखपुरी*

बरसात में तालाब तो हो जाते हैं कमज़र्फ़
बाहर कभी आपे से समुन्दर नहीं होता —*ऐजाज रहमानी*

अजल तो मुफ़्त में बदनाम है ज़माने में
कुछ उन से पूछ जिन्हें ज़िन्दगी ने मारा है —*फ़ैज़ अहमद फ़ैज़*

फूल मुरझाते हैं अल्फ़ाज़ नहीं मुरझाते
दूर जाना है बुज़ुर्गों की दुआ ले जाओ
—*शैदा रूमानी*

खुशबू की तरह जीना भी आसान तो नहीं
फूलों से क़तरा-क़तरा निचोड़ा गया मुझे
—*नसीम निकहत*

मिट्टी भी उठा लेते हैं टूटे हुए घर की
गिरते हुए लोगों को उठाने नहीं आते
—*अशोक मिज़ाज*

ये दोस्ती ये मरासिम ये चाहतें ये ख़ुलूस
कभी कभी मुझे सब कुछ अजीब लगता है
—*जाँ निसार अख़्तर*

फूल से आशिक़ी का हुनर सीख ले
तितलियाँ ख़ुद रुकेंगी सदायें न दे
—*बशीर 'बद्र'*

शहर वालों की मोहब्बत का मैं क़ायल हूँ मगर
मैंने जिस हाथ को चूमा वही ख़ंजर निकला
—*अहमद फ़राज़*

ये हुनर भी बड़ा ज़रूरी है
कितना झुक कर किसे सलाम करो
—*हफ़ीज़ मेरठी*

वो भी मेरे पास से गुज़रा इसी अन्दाज़ से
मैंने भी ज़ाहिर किया जैसे उसे देखा न हो
—*नौ बहार साबिर*

ज़रा सी बात का इतना मलाल करते हो
शिकायतें भी वहीं हैं जहाँ मोहब्बत है
—*बशीर 'बद्र'*

बुलन्दियों से गिरोगे तो टूट जाओगे
ज़बाँ से अपनी बड़ा बोल बोलते क्यूँ हो
—*महबूब राही*

कोई काग़ज़ न था लिफ़ाफ़े में
सिर्फ़ तितली का एक पर निकला
—*बशीर बद्र*

उस शख़्स के ग़म का कोई अन्दाज़ा लगाए
जिसको कभी रोते हुए देखा न किसी ने —*वकील अख़्तर*

उसे किसी की मुहब्बत का एतिबार नहीं
उसे ज़माने ने शायद बहुत सताया है —*बशीर बद्र*

ज़ुल्म होता था तो ज़ंजीर हिला देते थे
आज तो होंठ हिलाने से भी डर लगता है —*के.आर.ज्या*

आग कोई हो कहीं भी कोई शोला भड़के
जब भी जलते हैं ग़रीबों ही के घर जलते हैं —*हफ़ीज़ बनारसी*

उँगलियों को तराश दूँ फिर भी
आदतन उसका नाम लिखेंगी —*परवीन शाकिर*

फ़रमान से पेड़ों पे कभी फल नहीं लगते
तलवार से मौसम कोई बदला नहीं जाता —*मुज़फ़्फ़र वारसी*

चाहतों भरे कमरे दिल खुले खुले आँगन
अब तो ढूँढे पे भी ऐसे घर नहीं मिलते —*रऊफ़ ख़लिश*

जुगनू को दिन के वक़्त परखने की ज़िद करें
बच्चे हमारे अहद के चालाक हो गए —*परवीन शाकिर*

दो तुन्द हवाओं पर बुनियाद है तूफ़ां की
या तुम न हसीं होते या मैं न जवां होता —*आरज़ू लखनवी*

इक शजर ऐसा मुहब्बत का लगाया जाए
जिसका हम साए के आँगन में भी साया जाए —*ज़फ़र ज़ैदी*

शर्म आती है कि इस शहर में है हम कि जहाँ
न मिले भीख तो लाखों का गुज़ारा ही न हो —*जाँ निसार अख़्तर*

घर से मस्जिद है बहुत दूर, चलो यूँ कर लें
किसी रोते हुए बच्चे को हँसाया जाए —*निदा फ़ाज़ली*

ऐ जज़्बा-ए-दिल गर मैं चाहूँ हर चीज़ मुक़ाबिल आ जाए
मंज़िल के लिए दो गाम चलूँ और सामने मंज़िल आ जाए —*बहज़ाद लखनवी*

हमें भी आ पड़ा है दोस्तों से काम कुछ यानी
हमारे दोस्तों के बेवफ़ा होने का वक़्त आया —*हरिचन्द अख़्तर*

मैं जब भी उसके ख़यालों में खो जा जाता हूँ
वो ख़ुद भी बात करे तो, बुरा लगे है मुझे —*जाँ निसार अख़्तर*

सूरज के हम-सफ़र जो बने हो तो सोच लो
इस रास्ते में प्यास का दरिया भी आएगा —*क़तील शिफ़ाई*

रात के सन्नाटे में हम ने क्या क्या धोके खाये हैं
अपना ही जब दिल धड़का, तो हम समझे वो आए हैं —*क़तील शिफ़ाई*

आप आए ज़िंदगी में ज़िंदगी अच्छी लगी
आप जब रुख़सत हुए तो मौत ही अच्छी लगी —*क़मर जलालाबादी*

तीर कब दुश्मन चलाएगा हमें मालूम था
इसलिए तो दोस्ती से दुश्मनी अच्छी लगी —*क़मर जलालाबादी*

ख़ुमार उनके घर जा रहे हो तो जाओ
मगर रास्ते में ज़माना पड़ेगा —*खुमार बाराबंकवी*

नींद आये तो अचानक तिरी आहट सुन लूँ
जाग उट्ठूँ तो बदन से तेरी ख़ुशबू आए —*शहज़ाद अहमद*

बे हुनर हाय चमकने लगे सूरज की तरह
आज हम किस से मिले, आज किसे छू आए —*शहज़ाद अहमद*

सूखी जामुन के पेड़ के रस्ते
छत ही छत पर से जा रहा है चाँद —*गुलज़ार*

अपने हॉकर को कल से चेंज करो
पाँच सौ गाँव बह गये इस साल —*गुलज़ार*

मैं तो बस ज़िंदगी से डरता हूँ
मौत तो एक बार मारेगी —*गुलज़ार*

फूल ने टहनी से उड़ने की कोशिश की
इक ताइर का दिल रखने की कोशिश की —*गुलज़ार*

छू के देखा तो गर्म था माथा
धूप में खेलता रहा है चाँद —*गुलज़ार*

खुली किताब के सफ़हे उलटते रहते हैं
हवा चले न चले दिन पलटते रहते हैं —*गुलज़ार*

मैं आ ही जाऊँगा और तू भी मिल ही जाएगा
इस एतिमाद से अब मेरा इंतिज़ार न कर —*अतीक़ुल्ला*

बाग़वाँ ने आग दी जब आशियाने को मिरे
जिनपे तकिया था वही पत्ते हवा देने लगे —*साक़िब लखनवी*

ज़माना बड़े शौक़ से सुन रहा था
हमीं सो गये दास्ताँ कहते कहते —*साक़िब लखनवी*

कहने को मुश्ते पर की असीरी तो थी मगर
ख़ामोश हो गया है चमन बोलता हुआ —*साक़िब लखनवी*

है रौशनी क़फ़स में मगर सूझता नहीं
अब्रे-सियाह जानिबे-गुलज़ार देखकर —*साक़िब लखनवी*

बुलन्दियों पे पहुँचना कोई कमाल नहीं
बुलन्दियों पे ठहरना कमाल होता है — *अशोक 'साहिल'*

क्या भरोसा है ज़िंदगानी का
आदमी बुलबुला है पानी का — *नामालूम*

कोई तहरीर मिटायें तो धुआँ उठता है
दिल वो भीगा हुआ काग़ज़ है कि जलता ही नहीं — मुमताज राशिद

आया है सुब्ह नींद से उठ रसमसा हुआ
जामा गले में रात के फूलों बसा हुआ — मुबारक आबरू

जंग का वक़्त नहीं ये प्यारे
घर में आये हैं मदारात करो — *मुबारक आबरू*

यार मिले या न मिले सुबहो-शाम
कूचा-ए-जानाँ में गुज़र चाहिए — *हुज़ूर*

सखियों ने मेंहदी से मेरे हाथों पे जो नाम लिखा
कहते हैं चेहरे मोहरे से अच्छा लड़का लगता है — *हुमेरा रहमान*

सहनों में बारिश का छींटा पड़ते ही
ईंटों का चेहरा कैसा शादाब हुआ — *हुमेरा रहमान*

किससे पूछें हमको चाहने वाले कहाँ जाकर छुपे
बस्ती के होंटों पे चुप है और दरवाज़ों पर ताले है — *हुमेरा रहमान*

झूठ लिखूँ तो सारी ब्याज़ें तुझसे ही मंसूब करूँ
सच बोलूँ तो औरों का लिखने में ज़िक्र भी आता हैं — *हुमेरा रहमान*

मैं तेरा बिस्तर रखूँ आबाद तू आँगन मेरा
मैं बदन भर फूल हूँ और तू दिया भर आग है — *इशरत आफ़रीं*

एक ने बेटी एक ने बेटा जनम दिया
कितना फ़र्क़ है हम दोनों की माँओं में —इशरत आफ़रीं

ये दुनिया है यहाँ कोई जगह ख़ाली नहीं रहती
किसी के आने जाने से कभी कुछ कम नहीं होता —बशीर 'बद्र'

फ़ज़ा तबस्सुमे सुब्हे बहार थी लेकिन
पहुँच के मंजिले जानाँ पे आँख भर आई —फ़िराक़

सवाल करके मैं ख़ुद ही बहुत पशेमां हूँ
जवाब देके मुझे और शर्मसार न कर —अब्दुल हमीद अदम

बहुत मुश्किल है दुनिया का सँवरना
तिरी ज़ुल्फ़ों का पेंचो ख़म नहीं है —मजाज़

अभी बज़्मे-तरब से क्या उठूँ मैं
अभी तो आँख भी पुरनम नहीं है —मजाज़

काम अब कोई न आयेगा, बजुज़ दिल के सिवा
रास्ते बंद हैं सब कूचा-ए-क़ातिल के सिवा —सरदार जाफ़री

ख़ंजर चले किसी पे तड़पते हैं हम अमीर
सारे जहाँ का दर्द हमारे जिगर में है —अमीर मीनाई

मिट जाएगी मख़्लूक़ तब इंसाफ़ करोगे
मुंसिफ़ हो तो अब हश्र उठा क्यूँ नहीं देते —फ़ैज़

वो दिन कि कोई भी जब वजहे-इंतिज़ार न थी
हम उनमें तेरा सिवा इंतिज़ार करते रहे —फ़ैज़

जी रहा हूँ इस एतिमाद के साथ
ज़िंदगी को मेरी ज़रूरत है —क़ाबिल अज़मेरी

ये ज़ालिम ज़माना दिखाएगा क्या क्या
तिरी आँख भी आज नम देखते हैं —*क़ाबिल अज़मेरी*

आँख के आँसू से दिल घबरा गया
ख़ैर हो कश्ती में पानी आ गया —*क़मर जलालवी*

कभी कहा न किसी से तिरे फ़साने को
न जाने कैसे ख़बर लग गई ज़माने को —*क़मर जलालवी*

हज़ार बार ख़ुद अपने मकाँ पे दस्तक दी
इस एहतेमाल में जैसे की मैं ही अंदर हूँ —*मुशफ़िक ख़्वाजा*

भूख और इफ़्लास का उन्वान किसने लिख दिया
मेरे चेहरे पर ये हिन्दुस्तान किसने लिख दिया —*तश्ना आलमी*

जो कीड़े रेंगते रहते हैं नालियों के क़रीब
वो मर भी जाएँ तो रेशम बना नहीं सकते —*तश्ना आलमी*

हमारे सर की फटी टोपियों पे तंज़ न कर
हमारे ताज अजायब घरों में रखे हैं —*राहत इन्दौरी*

क़ब्र के पत्थर के नीचे थीं मेरी अय्याशियाँ
और मिरे आमाल का साया मिरे बच्चों पे था —*राहत इन्दौरी*

हवा घरों में कहाँ इतनी तेज़ चलती है
उसे तो सिर्फ़ हमारा दिया बुझाना था —*साग़र आज़मी*

इस जहाँ में तो अपना साया भी
रौशनी साथ हो तो चलता है —*हिमायत अली शायद*

उस बेवफ़ा के प्यार का मत रोग पालिए
जामुन की डाल पे कभी झूला न डालिए —*तश्ना आलमी*

हमारे पाँव के नीचे कुचल गई कोई शय
नशे की झोंक में देखा नहीं, ये दुनिया है —*शहाब जाफ़री*

आकर गिरा था एक परिंदा लहू में तर
तस्वीर अपनी छोड़ गया है चटान पर —*शकेब जलाली*

ये लोग टूटी हुई कश्तियों में सोते हैं
मिरे मकान से दरिया दिखाई देता है —*अहमद मुश्ताक़*

आगे आगे कोई मश्अल सी लिए चलता था
हाय क्या नाम था उस शख़्स का पूछा भी नहीं —*शाज़ तमकनत*

गुफ़्तगू किसी से हो तेरा ध्यान रहता है
टूट टूट जाता है सिलसिला तकल्लुम का —*फ़रीद जावेद*

वो रंग रंग के छींटे पड़े कि उसके बाद
कभी न फिर नए कपड़े पहन के निकला मैं —अनवर शऊर

ख़ामोश ज़िंदगी जो बसर कर रहे हैं हम
गहरे समंदरों में सफ़र कर रहे हैं हम —*रईस अमरोहवी*

हम अपनी ज़ात की पहचान किस तरह करते
हमारे नाम की तख़्ती किसी मकां पे नहीं —*खुसरो मतीन*

समन्दरों से वो रखता था दोस्ती, लेकिन
मरा तो विरसे में सदियों की प्यास छोड़ गया —*खुसरो मतीन*

लिखते-लिखते हवा के काग़ज़ पर
उँगलियों को फ़िग़ार कर लेना —*खुसरो मतीन*

सूरज लहूलुहान समन्दर में गिर पड़ा
दिन का ग़रूर टूट गया, शाम हो गई —*हसन कमाल*

बेच डाला हमने कल अपना ज़मीर
ज़िन्दगी की आख़री ज़ेवर गया — *राजेश रेड्डी*

गुनगुनाता जा रहा था इक फ़क़ीर
धूप रहती है न साया देर तक — *नवाज़ देवबन्दी*

एक मुद्दत से मेरी माँ नहीं सोई ताबिश
मैंने इक बार कहा था, मुझे डर लगता है — *अब्बास ताबिश*

अब के बारिश एक साथी दे गई
एक चेहरा बन गया दीवार पर — *शबनम रूमानी*

हम को हालात ने इस तरह किया था यकजा
जैसे गुलदान में दो फूल गले मिलते हैं — *शबनम रूमानी*

है सिमटते हुए साये की सदा
उठ ये दीवार भी गिर जाएगी — *रईस अमरोहवी*

कोई वादा नहीं, उम्मीद नहीं
फिर मुझे इन्तज़ार सा क्या है — *क़ाबिल अज़मेरी*

अपने ख़िलाफ़ फ़ैसला ख़ुद ही लिखा है आपने
हाथ भी मल रहे हैं आप, आप बहुत अजीब हैं — *पीरज़ादा क़ासिम*

मैं आसमानो-ज़मीं की हदें मिला देता
कोई सितारा अगर झुक के चूमता मुझको — *बशीर 'बद्र'*

जिसकी आवाज़ में सिलवट हो, निगाहों में शिकन
ऐसी तस्वीर के टुकड़े नहीं जोड़े जाते — *गुलज़ार*

सुर्ख़ रुतों की आग घरों को आने तक
आँगन पीले पत्तों से भर जाते हैं — *इशरत आफ़रीं*

अब के बरखा क्यारी क्यारी जुगनू बोये जायेंगे
मेरे किसानों की बेवाओं के आँसू बोये जायेंगे —*इशरत आफ़रीं*

आईना देख कर तसल्ली हुई
हम को इस घर में जानता है कोई —*गुलज़ार*

आदतन तुमने कर दिये वादे
आदतन हमने एतिबार किया —*गुलज़ार*

आपके बाद हर घड़ी हमने
आपके साथ ही गुज़ारी है —*गुलज़ार*

रात जब आसमान खुलता है
एक कपड़े का थान खुलता है —*गुलज़ार*

बे सबब मुस्कुरा रहा है चाँद
कोई साज़िश छुपा रहा है चाँद —*गुलज़ार*

क्या हुस्न, क्या जमाल है, क्या रंग रूप है
वो भीड़ में भी जाये तो तन्हा दिखाई दे —*कृष्ण बिहारी 'नूर'*

गये मौसम के कपड़े रख रहा हूँ
सफ़र करने की तैयारी नहीं है —*मलिक ज़ादा जावेद*

इसी चटान से पत्थर के आदमी, देखो
ज़रा सी देर में मेरे हुनर से निकलेंगे —*मलिक ज़ादा जावेद*

चेहरे में है आईना कि आईने में चेहरा
मालूम नहीं कौन किसे देख रहा है —*इफ़्तिख़ार इमाम सिद्दीक़ी*

तुझे आवाज़ से पहचान लूँगा
ये मुमकिन है कि चेहरा भूल जाऊँ —*हामिद इक़बाल सिद्दीक़ी*

मैं तेरा नाम इतनी बार लिक्खूँ
कि अपना नाम लिखना भूल जाऊँ —*हामिद इक़बाल सिद्दीक़ी*

वह ज़ाफ़रानी पुलोवर उसी का हिस्सा है
कोई जो दूसरा पहने तो दूसरा ही लगे —*बशीर 'बद्र'*

जो तुझमें मुझमें चला आ रहा है सदियों से
कहीं हयात् उसी फ़ासले का नाम न हो —*वसीम बरेलवी*

ऐ मालिके-कौनेन मिरी आस न टूटे
मैंने भी मुसीबत में तिरा नाम लिया है —*हिन्दी गोरखपुरी*

इंतज़ारे-दोस्त की अल्लाह रे मायूसियाँ
डूबते जाते हैं तारे डूबता जाता है दिल —*गौहर गोरखपुरी*

किस अब्र में यार से जुदा हुआ हूँ
बिजली की तरह तड़प रहा हूँ —*नासिख़*

बरसात का तो मौसम कब का गुज़र चुका है
पलकों की ये घटाएँ अब तक बरसतियाँ हैं —*सौदा*

इतनी सियाह रात में किस को सदाएँ दूँ
ऐसा चराग़ दे जो कभी बोलता भी हो —*बशीर 'बद्र'*

कौन इस घर की देखभाल करे
रोज़ इक चीज़ टूट जाती है —*जान ऐलिया*

कल दोपहर अजीब सी इक बेदिली रही
बस तीलियाँ जला के बुझाता रहा हूँ मैं —*जान ऐलिया*

सिपुर्दे ख़ाक ही करना है मुझको
तो फिर काहे को नहलाया गया हूँ —*हफ़ीज़ जालन्धरी*

मुहब्बत करने वाले कम न होंगे
तिरी महफ़िल में लेकिन हम न होंगे —हफ़ीज़ होशियारपुरी

न पूछ़ क्यूँ मिरी आँखों में आ गये आँसू
जो तेरे दिल में है उस बात पर नहीं आये —हफ़ीज होशियारपुरी

अगर तलाश करूँ कोई मिल ही जाएगा
मगर तुम्हारी तरह कौन मुझको चाहेगा —बशीर बद्र

फ़लक पे चाँद सितारे, ज़मीं पे गुंचा-ओ-गुल
वो किन अदाओं से आये हैं बात समझाने —तस्नीम हफ़ीज़

बारिशे-संगे-मलामत में भी वो हमराह हैं
मैं भी भीगूँ ख़ुद भी पागल भीगता है साथ साथ —परवीन शाकिर

मैं तो अपने आप को उस दिन बहुत अच्छी लगी
वो जो थक कर देर से आया उसे कैसा लगा —ज़ुहरा निगाह

वो लम्हा जब मिरे बच्चे ने माँ कहा मुझको
मैं एक शाख़ से कितना घना दरख़्त हुई —हमेरा रहमान

आज वो इस राह से गुज़रा है
आज मैं फ़र्श न धोना चाहूँ —हुमेरा रहमान

उनके रौशन सितारे किसी और के सहन में जा गिरे
रास आया नहीं लड़कियों को नया आईना देखना —हुमेरा रहमान

काजू भुने प्लेट में व्हिस्की गिलास में
उतरा है राम राज विधायक निवास में —अदम गोंडवी

सूरज को रौशनी से अदावत ज़रूर है
इसने किसी चराग़ को जलने नहीं दिया —अंजुम बाराबंकवी

मंज़िलें ख़्वाब बन के रह जायें
इतना बिस्तर से प्यार मत करना
—अशोक 'मिज़ाज' बद्र

इन आँसुओं से लहजे को सींचा करो 'मिज़ाज'
ज़िंदा वही है पेड़ जो पानी के पास है
—अशोक 'मिज़ाज' बद्र

पाकर भी तो नींद उड़ गई थी
खोकर भी तो रत जगे हैं
—अहमद नदीम कासमी

चरागे़ बज़्म अभी जाने-अंजुमन न बुझा
कि ये बुझा तो तिरे ख़द्दोख़ाल से भी गये
—अज़ीज़ हामिद मदनी

जिस तरह हँस रहा हूँ मैं पी पी के गर्म अश्क
यूँ दूसरा हँसे तो कलेजा निकल पड़े
—कैफ़ी आज़मी

मैं सो रहा था किसी याद के शबिस्ताँ में
जगा के छोड़ गये क़ाफ़िले सहर के मुझे
—नासिर काज़मी

किस रुत के मुंतज़िर हैं ये पेड़ रास्तों पर
ख़ुद धूप में खड़े हैं साया मुसाफ़िरों पर
—शहज़ाद अहमद

लड़कियाँ कौन से गोशे में ज़ियादा होंगी
न करूँ बात मगर पेड़ तो गिनता जाऊँ
—शहज़ाद अहमद

मिले मिले नज़र आते हैं दूर से जो दरख़्त
क़रीब जायें तो इनमें भी फ़ासला होगा
—अरशद (शिकागो)

क्या क़यामत है कि बे अय्यामे-गुल
टहनियों के हाथ पीले हो गये
—नासिर काज़मी

हमारे घर की दीवारों में नासिर
उदासी बाल खोले सो रही है
—नासिर काज़मी

तूने किस मोड़ पे छोड़ा था मुझे उम्रे-रवाँ
तक रहा हूँ मैं कई सदियों से रास्ता अपना —*मुसव्विर सब्ज़वारी*

हुस्ने बेपरवा को ख़ुद आरा कर दिया
क्या किया मैंने कि इज़हारे-तमन्ना कर दिया —*हसरत मोहानी*

डूब चुका जब नील गगन की झील में तेरा हर वादा
चमक रहा था मेरे दिल में फिर भी तेरे ग़म का चाँद —*क़तील शिफाई*

देख ज़िन्दां से परे रंगे चमन जोशे बहार
रक़्स करना है तो फिर पाँव की ज़ंजीर न देख —*मजरूह सुलतानपुरी*

जो घर बनाओ तो इक पेड़ भी लगा लेना
परिन्दे सारे मुहल्ले में चहचहाएँगे --*डॉ. के.के. रिषी*

मुझे सहल हो गईं मंज़िलें वो हवा के रुख़ भी वदल गए
तिरा हाथ हाथ में आ गया के चराग़ राह में जल गए —*मजरूह सुलतानपुरी*

ज़िंदगी भर शमा की मानिन्द जला हूँ नदीम
बुझ तो जाऊँगा मगर सुवहा तो कर जाऊँगा —*अहमद नदीम कासमी*

गुज़ारी थीं ख़ुशी की चन्द घड़ियाँ
उन्हीं की याद अपनी ज़िंदगी है —*अन्दलीव शादानी*

इक ना तमाम ख़्वाब मुकम्मल न हो सका
आने को ज़िंदगी में बहुत इंक़िलाब आए —*अन्दलीब शादानी*

तस्वीर मैंने माँगी थी शोख़ी तो देखिये
इक फूल उसने भेज दिया है गुलाव का —*अन्दलीब शादानी*

यहाँ लिबास की क़ीमत है आदमी की नहीं
मुझे गिलास वड़ा दे शराब कम कर दे —*वशीर 'वद्र'*

बारहा साथ वो जिस राह गुज़र से गुज़रे
जी भर आया है तन्हा जो उधर से गुज़रे

—हफ़ीज़ होशियारपुरी

सुनता हूँ बेघरों की बहाली के वास्ते
काग़ज़ पे कुछ मकान बनाये गये तो हैं

—रईस अमरोहवी

मैं इतना बदमआश नहीं यानि खुल के बैठ
चुभने लगी है धूप स्वेटर उतार दे

—ज़फ़र इक़बाल

तुझे मालूम है इस दौर के हस्सास इंसां
देखते ही देखते हो जाते हैं कैसे पत्थर

—सहर अन्सारी

रियाकारी लबों ने सीख ली है
कोई हालत हो ये रोते नहीं हैं

—सलीम अहमद

मुझसे जो चाहे रूठ सकता है
मैं किसी से ख़फ़ा नहीं होता

—हज़ार लखनवी

खनक जाते हैं जब साग़र तो पहरों कान बजते हैं
अरे तौबा बड़ी तौबा शिकन आवाज़ होती है

—सालिक लखनवी

हैं तो महफ़िल में मगर ऐसी जगह बैठे हैं
जामे मय हादसा बन जाये तो हम तक पहुँचे

—नवाब अफ़सर

ये इमारत तो इबादतगाह है
इस जगह इक मैकदा था क्या हुआ

—फ़ना निज़ामी

खुद को पढ़ता हूँ छोड़ देता हूँ
इक वरक़ रोज़ मोड़ देता हूँ

—ताहिर फ़राज़

तुम आसमाँ की बुलन्दी से जल्द लौट आना
हमें ज़मीं के मसाइल पे बात करनी है

—शायर जमाली

सफ़र में कौन किसका ज़िंदगी भर साथ देता है
बिछड़ते सब हैं लेकिन कोई यूँ पागल नहीं होता —*अख़्तर वामिक़*

जब मुहब्बत फ़तह पा लेती है तब आता है होश
जब मुहब्बत वार करती है पता होता नहीं —*ख़ुमार बाराबंकवी*

ऐ हँसने वालो तुमसे मिरा इक सवाल है
देखा है उनको भी जिन्हें हँसना मुहाल है —*ख़ुमार बाराबंकवी*

ख़ुदा की इतनी बड़ी कायनात में मैंने
बस एक शख़्स को चाहा मुझे वो ही न मिला —*बशीर 'बद्र'*

बहुत अजीब है ये क़ुरबतों की दूरी भी
वो मेरे साथ रहा और मुझे कभी न मिला —*बशीर 'बद्र'*

आपको मैंने निगाहों में बसा रखा है
आईना छोड़िए आईने में क्या रखा है —*हिना तैमूरी*

तेरे और मेरे प्यार में अक्सर सारे जज़्बात मुश्तरक हैं मगर
धूप कितनी ही मेहरबाँ हो जाये वो कभी चाँदनी नहीं होती —*बशीर 'बद्र'*

न जी भर के देखा न कुछ बात की
बड़ी आरज़ू थी मुलाक़ात की —*बशीर 'बद्र'*

वो जिसके हाथ का ख़ंजर मेरी तलाश में था
उसी को दोस्त समझ कर लिपट गया हूँ मैं —*कौसर ज़ैदी*

ये किताबें हैं मेरे बच्चो वो फूल
जिन गुलाबों की महक जाती नहीं —*आर.डी. शर्मा तासीर*

डूबा हो जब अँधेरे में हमसाए का मकान
अपने मकां में शम्आ जलाना गुनाह है —*ख़ुमार बाराबंकवी*

ये सज़ा क्या है कि जलने के लिए शोले न हों
डूबने जाऊँ तो दरियाओं में गहराई न हो —*मज़हर इमाम*

जब कोई ऐब नहीं है तुझमें
आईना देख के डरता क्यों है —*मुहम्मदअली मौज*

वो आके मेरे गाँव से वापस भी जा चुका
मैं थी कि अपने घर को सजाने में रह गई —*अंजुम रहबर*

मैं इस ख़्याल से उसके क़रीब आया था
कि दूसरों की तरह वो भी वेवफ़ा होगा —*बशीर 'बद्र'*

मिरी ख़्वाहिश है कि आँगन में न दीवार उठे
मिरे भाई मिरे हिस्से की ज़मीं तू रख ले —*राहत इन्दौरी*

कहीं रहे वो मगर ख़ैरियत के साथ रहे
उठाए हाथ तो याद एक ही दुआ आई —*परवीन शाकिर*

ख़ुद बढ़के रोक देता है वो रास्ता मिरा
फिर पूछता है राह की दीवार कौन है —*कुमार पाशी*

हर एक शख़्स को शाख़े गुलाब मत देना
जो तंग ज़र्फ़ है उसको शराब मत देना —*हयात वारसी*

साफ़ आयेंगे नज़र तुझको लहू के धब्बे
अपनी आँखें मिरी आँखों से बदलकर देखो —*इफ़त ज़रीं*

पड़ौसियों को मिरे अपना घर सजाना था
मिरे मकान का लुटना तो इक बहाना था —*अक़ील कलकत्तवी*

किसी को अपने अमल का हिसाब क्या देते
सवाल सारे ग़लत थे जवाब क्या देते —*मुनीर नियाज़ी*

कोई पड़ोस में भूखा है इसलिए शायद
मिरे गले से निवाला नहीं उतरता है —*मुनव्वर राना*

चुभे पाँवों में काँटे याद आया
कि हमने फूल ठुकराए बहुत हैं —*समीना असलम*

तिरे चराग़ अलग हों मिरे चराग़ अलग
मगर उजाला तो फिर भी जुदा नहीं होता —*वसीम बरेलवी*

मेरे मौला मिरे आँखों को समुन्दर दे दे
चार बूँदों से गुज़ारा नहीं होगा मुझसे —*इश्रत किरत पुरी*

ख़्वाबों ही में हो जाए ज़ियारत तो बहुत है
दुनिया में तो इन्सान दिखाई नहीं देते —*खुमार बारावंकवी*

वो अचानक मिरे घर तक पहुँचा
रास्ता भूल गया हो जैसे —*मसूदा हयात*

वो गलियाँ अभी तक हसीनो-जवाँ हैं
जहाँ मैंने अपनी जवानी लुटा दी —*साग़र निज़ामी*

खुदा जाने ये कैसी रहगुज़र है किसकी तुरबत है
वो जब गुज़रे इधर से गिर पड़े कुछ फूल दामन से —*नामालूम*

शम्अ ने सर पे रखी आग क़सम खाने को
बा खुदा मैंने जलाया नहीं परवाने को —*पंडित नसीम*

खुशबू का अहतिराम हवाएँ न कर सकीं
फूलों को अपनी शाख़ पे मर जाना चाहिए —*अंजुम बाराबंकवी*

इस शहरे बेचराग़ में जायेगी तू कहाँ
आ ऐ शबे-फ़िराक़ तुझे घर ही ले चलें —*नासिर क़ाज़मी*

शायद अब कुछ कम हो जाये मेरे घर की वीरानी
मकड़ी जाले तान रही है घर के रौशनदानों में —*शायर जमाली*

वो तो बता रहा था कई रोज़ का सफ़र
ज़ंजीर खेंचकर जो मुसाफ़िर उतर गया —*होश नोमानी*

मुस्कराहट, दर्द, लहजा, सादगी
बेचकर मैं सारे ज़ेवर खा गया —*वाक़िफ़ रायबरेलवी*

तर्के-तअल्लुक़ात को इक लम्हा चाहिये
लेकिन तमाम उम्र मुझे सोचना पड़ा —*फ़ना निज़ामी*

मैं जिसके हाथ में इक फूल दे के आया था
उसी के हाथ का पत्थर मिरी तलाश में है —*कृष्ण बिहारी 'नूर'*

खुलता किसी पे क्यों मिरे दिल का मुआमला
शेरों के इन्तख़ाब ने रुस्वा किया मुझे —*ग़ालिब*

नहीं आती तो याद उनकी महीनों तक नहीं आती
मगर जब याद आते हैं तो अक्सर याद आते हैं —*हसरत मोहानी*

देखा उन्हें क़रीब से हमने तो रो दिये
जिन बस्तियों को आग लगाने चले थे हम —*खुरशीद अल इस्लाम*

रात दिन नामाओ-पैग़ाम कहां तक होगा—
साफ़ कह दीजिए, मिलना हमें मंज़ूर नहीं —*दाग़*

ग़ज़ब किया तिरे वादे पे ऐतबार किया
तमाम रात क़यामत का इन्तज़ार किया —*दाग़*

हम जिस पे मर रहे हैं वो है बात ही कुछ और
आलम में तुझसे लाख सही, तू मगर कहाँ —हाली

है जस्तजू कि ख़ूब से है ख़ूब तर कहाँ
अब ठहरती है देखिये जाकर नज़र कहाँ —*हाली*

बाग़े-वहिश्त से मुझे हुक्मे-सफ़र दिया था क्यों
कारे-जहाँ दराज़ है अब मेरा इन्तज़ार कर —*इक़बाल*

अयादत को आए शिफ़ा हो गई
अलालत हमारी दवा हो गई —*अकबर इलाहाबादी*

न किसी की आँख का नूर हूँ, न किसी के दिल का क़रार हूँ
जो किसी के काम न आ सके, मैं वो एक मुश्ते-गुबार हूँ —*मुज़्तर ख़ैराबादी*

मिरा रंग रूप बिगड़ गया, मिरा यार मुझसे बिछड़ गया
जो चमन ख़िज़ां से उजड़ गया मैं उसी की फ़स्ले-वहार हूँ —*मुज़्तर ख़ैराबादी*

तोड़ कर अहदे-वफ़ा नाआशना हो जाइए
बन्दा-परवर जाइये, अच्छा ख़फ़ा हो जाइए —*हसरत मोहानी*

आज है वो बहार का मौसम
फूल तोड़ो तो हाथ जाम आये। —*जलील मानिकपुरी*

जाने कैसे पंख लगा कर पल-पल उड़ता जाता है
वक़्त तो है आवारा पंछी कहाँ पकड़ में आता है —*डॉ. श्रीमती रमा सिंह*

कुछ यादगारे-शहरे-सितमगर ही ले चलें
आये हैं इस गली में तो पत्थर ही ले चलें —*नासिर काज़मी*

जानता हूँ एक ऐसे शक़्स को मैं भी 'मुनीर'
ग़म से पत्थर हो गया लेकिन कभी रोया नहीं —*मुनीर*

किस-किस को बतायेंगे जुदाई का सबब हम
तू मुझ से ख़फ़ा है तो ज़माने के लिये आ —*अहमद फराज़*

अब के हम बिछड़े तो शायद कभी ख़्वाबों में मिलें
जिस तरह सूखे हुए फूल किताबों में मिलें — *—अहमद फ़राज़*

कोई सूरत तो दिल को शाद करना
हमें दुश्मन समझ कर याद करना — *—असग़र अली ख़ाँ देहलवी*

जब और किसी पर बेदाद करोगे
ये याद रहे हमको बहुत याद करोगे — *—असग़र अली ख़ाँ देहलवी*

पानी वुज़ू को लाओ रुख़े-शम्अ ज़र्द है
मीना उठाओ वक़्त अब आया नमाज़ का — *—नवाब मुहम्मद मुस्तफ़ा ख़ां शेफ़्ता*

हम तालिबे शोहरत है हमें नंग से क्या काम
बदनाम अगर होंगे तो क्या नाम न होगा — *—नवाब मुहम्मद मुस्तफ़ा ख़ां शेफ़्ता*

इज़हारे-ए-इश्क़ इससे न करना या शेफ़्ता
ये क्या किया कि दोस्त को दुश्मन बना लिया — *—नवाब मुहम्मद मुस्तफ़ा ख़ां शेफ़्ता*

शायद इसी का नाम मुहब्बत है शेफ़्ता
इक आग सी है सीने के अन्दर लगी हुई — *—नवाब मुहम्मद मुस्तफ़ा ख़ां शेफ़्ता*

बैठ जाता हूं जहां छांव घनी होती है
हाय क्या चीज़ ग़रीबुल-वतनी होती है — *—हफीज़ जौनपुरी*

याद में तेरी जहाँ को भूलता जाता हूं मैं
भूलने वाले कभी तुझको भी याद आता हूं मैं — *—नामालूम*

जो आग लगाई थी तुमने उसको तो बुझाया अश्कों ने
वो अश्कों ने भड़काई है इस आग को ठण्डा कौन करे — *—मुईन जज़्बी*

हम भी दरिया हैं हमें अपना हुनर मालूम है
जिस तरफ़ भी चल पड़ेंगे रास्ता हो जाएगा — *—बशीर 'बद्र'*

जला के मश्अले-जाँ हम जुनूँ सिफ़ात चले
जो घर को आग लगाये हमारे साथ चले —*मजरूह*

जो आलम अपने घर का है वही है तेरी महफ़िल का
यहाँ से मुज़्तरिब उट्ठे वहाँ से बेक़रार आये —*ख़ुर्शीदुल इस्लाम*

यादे-माज़ी अज़ाब है यारब
छीन में मुझसे हाफ़िज़ा मेरा —*अख़्तर अन्सारी*

मुसाफ़िर राह में हैं शाम गहरी होती जाती है
सुलगता है तिरी यादों का बन आहिस्ता आहिस्ता —*शाज़ तमकनत*

महफ़िल तराजयाँ वो कहाँ अब तो काम है
घर में पड़े हुए दरोदिवार देखना —*मीर मेंहदी 'मजरूह'*

हों ग़ज़ल में शेर सब बेहतर ये मुमकिन ही नहीं
कब हुई हैं उँगलियाँ पाँचों बरावर हाथ में —*मियाँदाद ख़ाँ सय्याह*

क़ैस जंगल में अकेला है मुझे जाने दो
ख़ूब गुज़रेगी जो मिल बैठेंगे दीवाने दो —*मियाँदाद ख़ाँ सय्याह*

मैं अकेला ही चला था जानिबे मंज़िल मगर
लोग साथ आते गये और कारवाँ बनता गया —*'मजरूह' सुल्तानपुरी*

उनका जो फ़र्ज है वो अहले-सियासत जानें
अपना पैग़ाम मुहब्बत है जहाँ तक पहुँचे —*'जिगर'*

तेरी वफ़ा से क्या हो तलाफ़ी कि दहर में
तेरे सिवा भी हम पे बहुत से सितम हुए —*'जिगर'*

कहाँ ये भूख के मारे कहाँ ये हुक्मे नमाज़
वो काम भी है कोई काम जिसमें जी न लगे —*यगाना 'चंगेज़ी'*

सुबह को राह दिखाने के लिये
दस्ले-गुल में है दिया शबनम का *—अहमद नदीम कासमी*

आँखें आँसू भरी पलकें बोझल घनी जैसे झीलें भी हों नर्म साये भी हों
वो तो कहिये उन्हें कुछ हँसी आ गई बच गये आज हम डूबते-डूबते *—बशीर बद्र*

है शाम अभी क्या है बहकी हुई बातें हैं
कुछ रात ढले साक़ी मयख़ाना संभलता है *—नुशूर वाहिदी*

घटा देखकर ख़ुश हुई लड़कियाँ
छतों पर खिले फूल बरसात के *—मुनीर नियाज़ी*

इतने आँसू तो न थे दीदा-ए-तर के आगे
अब तो पानी ही भरा रहता है घर के आगे *—मीर हसन*

सुनाया रात को क़िस्सा जो हीर राँझे का
तो अहले-दर्द को पंजाबियों ने लूट लिया *—इंशा*

अजब कुछ लुत्फ़ रखता है शबे ख़िलवत मे गुल रूसू
ख़िताब आहिस्ता-आहिस्ता, जवाब आहिस्ता-आहिस्ता *—वली दक्खनी*

मुझे आता है रोना ऐसी तन्हाई पे ऐ 'ताबाँ'
न यार अपना, न दिल अपना, न तन अपना, न जाँ अपनी *—मीर अब्दुलहई 'ताबाँ'*

ग़नीमत जान जीना आदमी का
भरोसा कुछ नहीं इस ज़िंदगी का *—मीर अब्दुलहई 'ताबाँ'*

किसी से करिये मुरव्वत न इस ज़माने में
कि अब बुरा ही नतीजा है याँ भलाई का *—मीर अब्दुलहई 'ताबाँ'*

'ताबाँ' किसी से इश्क़ हमारा छिपा नहीं
आती है बूए दर्द हमारे सुख़न के बीच *—मीर अब्दुलहई 'ताबाँ'*

मय हो, चमन हो, अब्र हो, जाम-ए शराब हो
या रब कभी तो मेरी दुआ मुस्तजाब हो —*मीर अब्दुलहई 'ताबाँ'*

नहीं मालूम अबके साल मैख़ाने पे क्या गुज़री
हमारी तौबा कर लेने से पैमाने पे क्या गुज़री —*नवाब इनामुल्ला ख़ाँ 'यक़ीन'*

क्या बदन होगा कि जिसके खोलते जामे का बन्द
बर्गे गुल की तरह हर नाख़ून मुअत्तर हो गया —*नवाब इनामुल्ला ख़ाँ 'यक़ीन'*

क़ातिल हमारी लाश का तश्हीर हो ज़रूर
आईन्दा तो कोई न किसू से वफ़ा करे —*नवाब इनामुल्ला ख़ाँ 'यक़ीन'*

ख़िलवत हो और शराब हो माशूक़ सामने
ज़ाहिद तुझे क़सम है जो तू हो तो क्या करे —*नवाब इनामुल्ला ख़ाँ 'यकीन'*

हक़ मुझे बातिल आशना न करें
मैं बुतों से फिरूँ ख़ुदा न करे —*नवाब इनामुल्ला ख़ाँ 'यकीन'*

मेरे रोने की हक़ीक़त जिसमें थी
एक मुद्दत तक वो कागज़ नम रहा —*मीर*

उलटी हो गयीं सब तदबीरें कुछ न दवा ने काम किया
देखा इस बीमारी-ए-दिल ने आख़िर काम तमाम किया —*मीर*

'मीर' के दीनो मज़हब को तुम क्या पूछो हो उनने तो
कश्का खींचा दैर में बैठा कबका तर्क इस्लाम किया —*मीर*

देख तो दिल कि जाँ से उठता है
ये धुआँ सा कहाँ से उठता है —*मीर*

यूँ उठे आह इस गली से हम
जैसे कोई जहाँ से उठता है —*मीर*

कल चौदवीं की रात थी शब भर रहा चर्चा तिरा
कुछ ने कहा ये चाँद है कुछ ने कहा चेहरा तिरा —*इब्ने इंशा*

मुझे सहल हो गयी मंज़िलें कि हवा के रुख़ भी बदल गये
तिरा हाथ हाथ में आ गया कि चिराग़ राह में जल गये —*मजरूह सुल्तानपुरी*

तिरी सूरत से किसी की नहीं मिलती सूरत
हम जहां में तेरी तस्वीर लिए फिरते हैं —*नासिख़*

ऐ ! सनम जिसने तुझे चाँद सी सूरत दी है
उसी अल्लाह ने मुझको भी मुहब्बत दी है —*'आतिश'*

ये अपनी वजअ और ये दुशनामें मय फ़रोश
सुन कर जो पी गये ये मज़ा मुफ़लिसी का था —*रियाज़ ख़ैराबादी*

ये मस्जिद है ये मैख़ाना ताज्जुब इस पे आता है
जनाबे-शेख़ का नक़्शे क़दम यूँ भी है और यूँ भी —*साहिल देहलवी*

बहुत जी ख़ुश हुआ 'हाली' से मिलकर
अभी कुछ लोग बाक़ी हैं जहाँ मैं —*हाली*

हम जिस पे मर रहे हैं वो है बात ही कुछ और
आलम में तुझसे लाख सही, तू मगर कहां —*हाली*

गई थी कह कि मैं लाती हूँ ज़ुल्फ़े यार की बू
फिरी तो बादे सबा का दिमाग़ ही न मिला —*जलाल लखनवी*

अँगड़ाई भी वो लेने न पाये उठा के हाथ
देखा तो मुझको छोड़ दिये मुस्करा के हाथ —*निजाम रामपुरी*

ख़ुदा के वास्ते इसको न टोको
यही तो शहर में क़ातिल रहा है —*मिर्जा मज़हर जाने जानाँ*

हो अगर ऐसे मेरी शक्ल से बेज़ार बहुत
तुम सलामत रहो बन्दे के ख़रीदार बहुत —*क़ायम चाँदपुरी*

जिस घड़ी तेरे आस्तां से गये
हमने जाना कि हम जहाँ से गये —*आसिफ़ उद्दौला*

गुल फेंके है औरों की तरफ़ बल्कि समर भी
ऐ खाना बर अन्दाज़े चमन कुछ तो इधर भी —*सौदा*

ज़िंदगी है या कोई तूफ़ान है
हम तो इस जीने के हाथों मर चले —*मीर दर्द*

साक़ियाँ याँ लग रहा है चल-चलाव
जब तलक बस चल सके सागर चले —*मीर 'दर्द'*

जुदा किसी से किसी का गरज़ हबीब न हो
ये दाग़ वो है कि दुश्मन को भी नसीब न हो —*नजीर अकबराबादी*

कभी हम में तुम में भी चाह थी कभी हम से तुमसे भी राह थी
कभी हम भी तुम भी थे आशना, तुम्हें याद हो कि न याद हो—*मोमिन खाँ 'मोमिन'*

तुम हमारे किसी तरह न हुए
वरना दुनिया में क्या नहीं होता —*मोमिन खाँ 'मोमिन'*

बात करनी मुझे मुश्किल कभी ऐसी तो न थी
जैसी अब है तेरी महफ़िल कभी ऐसी तो न थी —*मोमिन ख़ाँ 'मोमिन'*

कमर बाँधे हुए चलने को याँ सब यार बैठे हैं
बहुत आगे गये बाक़ी जो हैं तैयार बैठे हैं —*इंशा अल्लाह ख़ाँ 'इंशा'*

न छेड़-ए नकहते-बादे-बहारी राह लग अपनी
तुझे अठखेलियाँ सूझी हैं हम बेज़ार बैठे हैं —*इंशा अल्लाह ख़ाँ 'इंशा'*

दिल ख़ुदा जाने किसके पास रहा
इन दिनो जी बहुत उदास रहा —*'मीर हसन'*

हम न निकहत हैं गुल हैं जो महकते जावें
आग की तरह जिधर जावें दहकते जावें —*'मीर हसन'*

जो भी आवे है वो नज़दीक ही बैठे है तिरे
हम कहाँ तक तिरे पहलू से सरकते जावें —*'मीर हसन'*

तुझसे जिस दम जुदा हुए जानां
फिर ये सुनियो कि मर ही जावेंगे —*'मीर हसन'*

भरता है अब्र ताल तलय्याँ बरस-बरस
साक़ी मुआ मैं जाम की ख़ातिर तरस-तरस —*'जाफ़र अली हसरत'*

यार मिले या न मिले सुबह-शाम
कूचा-ए-जानां में गुज़र ना चाहे —*'हुजूर अज़ीमाबादी'*

शबे-हिज्र में एक दिन देखना
अगर ज़िंदगी है तो मर जायेंगे —*'हुजूर अज़ीमाबादी'*

दीनोदुनिया का जो नहीं पाबंद
वो फ़रागत तमाम रखता है —*'हुजूर अज़ीमाबादी'*

कब इस जी की हालत कोई जानता है
जो जी जानता है वो जी जानता है —*'हुजूर अज़ीमाबादी'*

तेरे आने का एहत माल रहा
मरते-मरते यही ख्याल रहा —*'सैय्यद मौ. असर'*

इसी बाइस तो क़त्ले-आशिक़ाँ से मना करते थे
अकेले फिर रहे हो यूसूफ़े बे कारवां होकर —*'ख्वाज़ा वजीर'*

न तड़फने की इजाज़त है न फ़रियाद की है
घुट के मर जाऊँ ये मर्ज़ी मेरे सय्याद की है —*शाद लखनवी*

छुपा नहीं है कहीं आफ़ताब पर्दे में
अबस नक़ाब में चेहरे को मत छुपा जानाँ —*'सिराज औरंगाबादी'*

गली में जाइयो उसकी समझ कि तू कि नसीम
यही वो जा है जहाँ का कोई गया ना फिरे —*'क़ायम चाँदपुरी'*

जो हैं अहले सुख़न 'हातिम' उन्हें मरने से क्या दहशत
मसीहा की तरह जीवे क़यामत तक सुख़न उनके —*'शेख़ ज़हुरउद्दीन हातिम'*

मेरी आँखों के दोनों पट खुले हैं इंतज़ारी में
बहाना मत करो गर तुम को आना है तो आ जाओ —*सिराज औरंगाबादी*

दो रंगी ख़ूब जी यक रंग हो जा
सरापा मोम हो या संग हो जा —*सिराज औरंगाबादी*

बे गुनाहों को क्यूँ करे है शहीद
अपनी तेग़े निगाह से पूछो —*सिराज औरंगाबादी*

ख़बरे तहैयुरे इश्क़ सुन न जुनूँ रहा न परी रही
न तो तू रहा न तो मैं रहा जो रही सो बे ख़बरी रही —*सिराज औरंगाबादी*

शहे बेख़ुदी ने अता किया मुझे लिबासे बरहनगी
न ख़िरद की बखिया गरी रही न जुनूँ की जामादरी रही —*सिराज औरंगाबादी*

चली सिम्ते-ग़ैब से क्या हवा कि चमन सुरूर का जल गया
मगर एक शाख़े निहाले ग़म जिसे दिल कहें वो हरी रही —*सिराज औरंगाबादी*

वो अजब घड़ी थी मैं जिस घड़ी लिया दर्स नुस्ख़ाए-इश्क़ का
कि किताब अक़्ल की ताक पर जो धरी थी त्यू ही धरी रही —*सिराज औरंगाबादी*

कुछ बालो-पर में ताक़त न रही जब छूटे
हम हुए ऐसे बुरे वक़्त में आज़ाद कि बस —*इनाम उल्ला ख़ाँ 'यक़ीं'*

मजनूं की ख़ुश नसीबी करती है दाग़ मुझको
क्या ऐश कर गया है ज़ालिम दीवानापन में —*इनाम उल्ला ख़ाँ 'यक़ीं'*

ब मिक़दारे जफ़ाये यार बढ़ती है वफ़ा मेरी
कोई चाहे तो आ देखे मोहब्बत इस को कहते हैं —*इनाम उल्ला ख़ाँ 'यक़ीं'*

अगर ज़ंजीर मेरे पैर में डालीं तो क्या होगा
बहार आने दो, मिरा हाथ है और यह गिरेबां है —*इनाम उल्ला ख़ाँ 'यक़ीं'*

हक़ मुझे बातिल आशना न करे
मैं बुतों से फिरूं ख़ुदा न करे —*इनाम उल्ला ख़ाँ 'यक़ीं'*

काबा अगरचे टूटा तो क्या जा-ए-ग़म है शेख़
कुछ क़स्रे-दिल नहीं कि बनाया न जायेगा —*शेख़ क़यामउद्दीन 'क़ायम'*

न जाने कौन-सी साअत चमन से बिछड़े थे
कि आँख भर के न फिर सू-ए-गुलिस्ताँ देखा —*शेख़ क़यामउद्दीन 'क़ायम'*

क़िस्मत तो देखो टूटी है जाकर कहां कमंद
दो चार हाथ जब कि लबे बाम रह गया —*शेख़ क़यामउद्दीन 'क़ायम'*

दर्दे दिल कुछ कहा नहीं जाता
आह ! चुप भी रहा नहीं जाता —*शेख़ क़यामउद्दीन 'क़ायम'*

दिल भरा है, न अब ग़म रहा है आँखों में
कभी जो रोये थे ख़ूं जम रहा है आँखों में —*शेख़ क़यामउद्दीन 'क़ायम'*

वो सूरतें न जाने किस देस बसतियाँ हैं
अब देखने को जिन के आँखें तरसतियाँ है —*मीर 'सोज़'*

आहिस्ता रौ तो मंज़िले मक़सूद पर गये
रफ़्तारे गर्म थे सो हमीं दरमियाँ रहे —मीर 'सोज़'

ग़म है या इंतिज़ार है, क्या है ?
दिल जो अब बेक़रार है क्या है ? —मीर 'सोज़'

जान से हो गये बदन ख़ाली
जिस तरफ़ तू ने आँख भर देखा —मीर 'दर्द'

सीना-औ-दिल हसरत से छा गया
बस हुजूमे यास जी घबरा गया —मीर 'दर्द'

अपने मिलने से मना मत कर
इसमें बेइख़्तियार हैं हम —मीर 'दर्द'

न गुल को है सबात, न हम को है इख़्तियार
किस बात पर हवसे-चमने-रंगो-बू करें —मीर 'दर्द'

हर चन्द आईना हूँ पर इतना हूँ ना क़बूल
मुँह फेर ले वो जिसके मुझे रूबरू करें —मीर 'दर्द'

तर दामनी पे शेख़ हमारी न जाइयो
दामन निचोड़ दूँ तो फ़रिश्ते वज़ू करें —मीर 'दर्द'

नहीं शिकवा मुझे कुछ तेरी बेवफ़ाई का हरगिज़
गिला तब हो अगर तूने किसी से भी निभाई हो —मीर

बसा है कौन तेरे दिल में गुल बदन से 'दर्द'
कि बू गुलाब की आई तिरे पसीने से —मीर 'दर्द'

साक़िया याँ लग रहा है चल चलाव
जब तलक बस चल सके साग़र चले —मीर 'दर्द'

दिल भी तेरे ही ढंग सीखा है
आन में कुछ है, आन में कुछ है *—मीर 'दर्द'*

तोहमतें चंद अपने ज़िम्मे धर चले
जिसलिए आये थे सो हम कर चले *—मीर 'दर्द'*

ज़िन्दगी है या कोई तूफ़ान है
हम तो इस जीने के हाथों मर चले *—मीर 'दर्द'*

शमअ की मानिन्द हम इस बज़्म में
चश्मे-नम आये थे, दामन तर चले *—मीर 'दर्द'*

इस साल हम-नफ़स मिरे आज़ाद हो गये
मुझ पर भी मेहरबां कभी सय्याद होवेगा *—'फ़ुग़ाँ' देहलवी*

जिस रोज़ किसी और पे बेदाद करोगे
ये याद रहे हम को बहुत याद करोगे *—'फ़ुग़ाँ' देहलवी*

अब के भी दिन बहार के यूँही चले गये
फिर-फिर गुल आ चुके पै सजन तुम मले गये *—'फ़ुग़ाँ' देहलवी*

जिसे इश्क़ का तीरे-कारी लगे
उसे ज़िन्दगी क्यों न भारी लगे *—वली दकनी (वली गुजराती)*

वली जब कहे तू अगर यक वचन
रक़ीबाँ के दिल पे कटारी लगे *—वली दकनी (वली गुजराती)*

न होगा उसे जग में हरगिज़ क़रार,
जिसे इश्क़ की बेक़रारी लगे *—वली दकनी (वली गुजराती)*

तुझ लब की सिफ़त लाले बदख़्शां से कहूँगा
जादू हैं तेरे नैन ग़ज़ालां से कहूँगा *—वली औरंगाबादी*

आज तेरी भवों ने मस्जिद में
होश खोया है हर नमाज़ी का —*वली औरंगाबादी*

दिल को होती है सजन बेताबी
ज़ुल्फ को हाथ लगाया न करो —*वली औरंगाबादी*

मुफ़लिसी सब बहार खोती है
मर्द का एतबार खोती है —*वली औरंगाबादी*

आग़ोश में आने की कहाँ ताब है उसको
करती है निगाह जिस क़दे नाज़ुक पे गरानी —*वली औरंगाबादी*

नैन से नैन जब मिलायेगा
दिल के अन्दर मेरे समायेगा —*आबरू देहलवी*

सिर से लगा के पाँव तलक दिल हुआ हूँ मैं
याँ तक तो फ़ने इश्क़ में कामिल हुआ हूँ मैं —*आबरू देहलवी*

फिरते थे दश्त-दश्त दिवाने किधर गये
वो आशिक़ी के हाय ज़माने किधर गये —*आबरू देहलवी*

इतनी फ़ुर्सत दे कि हो लें रुख़सत ऐ सय्याद हम
मुद्दतों इस बाग़ के साये में थे आज़ाद हम —*जाने जानां मज़हर*

ग़ज़ालां तुम तो वाक़िफ़ हो कहो मजनूं के मरने की
दिवाना मर गया आख़िर को वीराने पे क्या गुज़री —*राम नारायण मौज़ूँ*

किस-किस तरह की दिल में गुज़रती हैं हसरतें
है वस्ल से ज़ियादा मज़ा इन्तिज़ार का —*अब्दुलहई ताबाँ*

करूँ मैं शिकवा अगर तेरी बेवफ़ाई का
जहाँ में नाम न ले कोई आशनाई का —*वाक़िफ़ देहलवी*

ख़ातिर से तेरी याद न बर्बाद करेंगे
जिस हाल में हम होंगे तेरी याद करेंगे —*मुहम्मद अमान 'निसार'*

हस्ती अपनी हुबाब की सी है
ये नुमाइश सराब की सी है —*मीर तक़ी 'मीर'*

नाजुकी उस के लब की क्या कहिए
पंखुड़ी इक गुलाब की सी है —*मीर तक़ी 'मीर'*

चश्मे दिल खोल इस भी आलम पर
याँ की औक़ात ख़्वाब की सी है —*मीर तक़ी 'मीर'*

बारहा उस के दर पे जाता हूँ
हालत अब इज़्तिराब की सी है —*मीर तक़ी 'मीर'*

मैं जो बोला कहा कि ये आवाज़
उसी ख़ाना ख़राब की सी है —*मीर तक़ी 'मीर'*

'मीर' उन नीम बाज़ आँखों में
सारी मस्ती शराब की सी है —*मीर तक़ी 'मीर'*

उल्टी हो गईं सब तदबीरें कुछ न दवा ने काम किया
देखा इस बीमारी-ए-दिल से आख़िर काम तमाम किया —*मीर तक़ी 'मीर'*

मिरे सलीक़े से मेरी निभी मुहब्बत में
तमाम उम्र मैं नाकामियों से काम लिया —*मीर तक़ी 'मीर'*

हमने अपनी सी की बहुत लेकिन
मरीज़े-इश्क़ का इलाज नहीं —*मीर तक़ी 'मीर'*

जफ़ायें देख लियाँ बेवफ़ाइयाँ देखीं
भला हुआ कि तेरी सब बुराइयाँ देखीं —*मीर तक़ी 'मीर'*

दिल अजब शहर था ख़्यालों का
लूट मारा है हुस्न वालों का —*मीर तक़ी 'मीर'*

आवारगाने इश्क़ का पूछा जो मैं निशां
मुश्ते-गुबार लेके सबा ने उड़ा दिया —*मीर तक़ी 'मीर'*

शाम से ही बुझा सा रहता है
दिल हुआ है चिराग़ मुफ़लिस का —*मीर तक़ी 'मीर'*

सुबह तक शमा सिर को धुनती रही
क्या पतंगे ने इल्तिमास किया —*मीर तक़ी 'मीर'*

दिल की वीरानी का क्या मज़्कूर है
ये नगर सौ मरतबा लूटा गया —*मीर तक़ी 'मीर'*

इब्तिदा-ए-इश्क़ है रोता है क्या
आगे-आगे देखिये होता है क्या —*मीर तक़ी 'मीर'*

अब तो जाते हैं मयकदे से 'मीर'
फिर मिलेंगे अगर ख़ुदा लाया —*मीर तक़ी 'मीर'*

मेरे रोने की हक़ीक़त जिसमें थी
एक मुद्दत तक वो काग़ज़ नम रहा —*मीर तक़ी 'मीर'*

जो इस शोर से 'मीर' रोता रहेगा
तो हमसाया काहे को सोता रहेगा —*मीर तक़ी 'मीर'*

हम फ़क़ीरों से बेवफ़ाई की
आन बैठे जो तुमने प्यार किया —*मीर तक़ी 'मीर'*

सख़्त काफ़िर था जिसने पहले 'मीर'
मज़हबे इश्क़ इख़्तियार किया —*मीर तक़ी 'मीर'*

जीते जी कूचा-ए-दिलदा से जाया न गया
उसकी दीवार का सिर से मिरे साया न गया —*मीर तक़ी 'मीर'*

बेख़ुदी ले गयी कहाँ हमको
देर से इंतज़ार है अपना —*मीर तक़ी 'मीर'*

एक सब आग, एक सब पानी
दीदा-ओ-दिल अज़ाब हैं दोनों —*मीर तक़ी 'मीर'*

होगा किसी दीवार के साये के तले 'मीर'
क्या काम मुहब्बत से उस आराम तलब को —*मीर तक़ी 'मीर'*

वस्ल उस को ख़ुदा नसीब करे
'मीर' दिल चाहता है क्या-क्या कुछ —*मीर तक़ी 'मीर'*

नाजुकी उसके लब की क्या कहिये
पंखुड़ी इक गुलाब की सी है —*मीर तक़ी 'मीर'*

'मीर' उन नीम बाज़ आँखों में
सारी मस्ती शराब की सी है —*मीर तक़ी 'मीर'*

'मीर' अम्दन भी कोई मरता है
जान है तो जहान है प्यारे —*मीर तक़ी 'मीर'*

दीदनी है शिकस्तगी दिल की
क्या इमारत ग़मों ने ढाई है —*मीर तक़ी 'मीर'*

हाले बद गुफ़तनी नहीं मेरा
तुमने पूछा तो मेहरबानी की —*मीर तक़ी 'मीर'*

मेरे तग़य्युरे-हाल पर मत जा
इत्तिफ़ाक़ात हैं ज़माने के —*मीर तक़ी 'मीर'*

फ़क़ीराना आये सदा कर चले
मियाँ ख़ुश रहो हम दुआ कर चले —*मीर तक़ी 'मीर'*

परस्तिश की याँ तक कि ऐ बुत तुझे
नज़र में सभूँ की ख़ुदा कर चले —*मीर तक़ी 'मीर'*

पासे नामूसे इश्क़ था वरना
कितने आंसू पलक तक आये थे —*मीर तक़ी 'मीर'*

पत्ता-पत्ता, बूटा-बूटा हाल हमारा जाने है
जाने न जाने गुल ही न जाने बाग़ तो सारा जाने है —मीर तक़ी 'मीर'

लुत्फ़ पर उसकी हमनशीं मत जा
कभी हम पर भी मेहरबानी थी —*मीर तक़ी 'मीर'*

रंगे गुलो बूये गुल होते हवा दोनों
क्या क़ाफ़िला जाता जो तू भी चला चाहे —*मीर तक़ी 'मीर'*

टूटे तेरी निगाह से अगर दिल हुबाब का
पानी भी फिर पिये तो मज़ा हो शराब का —*मिर्ज़ा मुहम्मद रफ़ी सौदा*

दोज़ख मुझे क़ुबूल है ऐ मुनकिरो नकीर
लेकिन नहीं दिमाग़ सवाली जवाब का —*मिर्ज़ा मुहम्मद रफ़ी सौदा*

याँ किसके दिल को कशमकशे इश्क़ का दिमाग़
यारब बुरा हो दीदा-ए-ख़ाना-ख़राब का —*मिर्ज़ा मुहम्मद रफ़ी सौदा*

'सौदा' निगाहे-दीदए-तहक़ीक़ के हुज़ूर
जल्वा हर एक ज़र्रे में है आफ़ताब का —*मिर्ज़ा मुहम्मद रफ़ी सौदा*

तिरी गली से गुज़रता हूँ इस तरह ज़ालिम
कि जैसे रेत में पानी की धार गुज़रे है —*मिर्ज़ा मुहम्मद रफ़ी सौदा*

बराबरी का तेरी गुल ने जब ख़्याल किया
जमाले यार ने मुँह उसका ख़ूब लाल किया — *मिर्ज़ा मुहम्मद रफ़ी सौदा*

गदा दस्ते अहले करम देखते हैं
हम अपना ही दम और क़दम देखते हैं — *मिर्ज़ा मुहम्मद रफ़ी सौदा*

वो सूरतें इलाही किस मुल्क में बसतियाँ हैं
अब देखने को जिनके आँखें तरसतियाँ हैं — *मिर्ज़ा मुहम्मद रफ़ी सौदा*

बरसात का तो मौसम कब का निकल गया पर
पलकों की ये घटायें अब तक बरसतियाँ हैं — *मिर्ज़ा मुहम्मद रफ़ी सौदा*

कैफ़ीयते-चश्म उसकी मुझे याद है 'सौदा'
साग़र को मेरे हाथ से लेना कि चला मैं — *मिर्ज़ा मुहम्मद रफ़ी सौदा*

सौदा ख़ुदा के वास्ते कर क़िस्सा मुख़्तसर
अपनी तो नींद उड़ गयी तेरे फ़साने में — *मिर्ज़ा मुहम्मद रफ़ी सौदा*

'सौदा' तेरी फ़रयाद से आँखों में कटी रात
आई है सहर होने को ज़ालिम कहीं मर भी — *मिर्ज़ा मुहम्मद रफ़ी सौदा*

क्या हुआ अर्श पर गया नाला
दिल में उस शोख़ के तो राह न की — *अहसन उल्ला 'बयाँ'*

शबे फ़िराक़ की वहशत से जान जाती है
यही है सुबह से धड़का कि रात आती है — *अहसन उल्ला 'बयाँ'*

दोनों दीवाने हैं क्या समझेंगे आपस में अबस
हम को समझाता है दिल और दिल को समझाते हैं हम — *मीर हसन देहलवी*

उस बुत की बंदगी से न आज़ाद हो 'हसन'
यह बात भी कहीं न ख़ुदा को बुरी लगे — *मीर हसन देहलवी*

देखना जुल्फ़ो रुख़, तुम्हें हर दम
शाम देखो न तुम सहर देखो —*मीर हसन देहलवी*

शबनम की तरह सैरे-चमन भी ज़रूर है
रो धो के एक रात यहाँ भी गुज़ारिये —*मीर हसन देहलवी*

यह जो महंत बैठे हैं राधा के कुण्ड पर
अवतार बन कर गिरते हैं परियों के झुण्ड पर —*सैयद इंशा अल्ला खाँ 'इंशा'*

शिव के गले से पार्वती जी लिपट गयीं
क्या ही बहार आज है ब्रह्म के रुण्ड पर —*सैयद इंशा अल्ला खाँ 'इंशा'*

राजा जी एक जोगी के चेले पे ग़श हैं आप
आशिक़ हुए हैं वाह अजब लुण्ड मुण्ड पर —*सैयद इंशा अल्ला खाँ 'इंशा'*

'इंशा' ने सुन के क़िस्सए-फ़रहाद यूँ कहा
करता है इश्क़ चोट तो ऐसे ही मुण्ड पर —*सैयद इंशा अल्ला खाँ 'इंशा'*

नज़ाकत उस गुले राना की देखियो 'इंशा'
नसीमे सुबह जो छू जाये रंग हो मैला —*सैयद इंशा अल्ला खाँ 'इंशा'*

यह अजब मज़ा है यारो कि बरोज़ ईदे क़ुरबाँ
वही जिब्ह भी है, वही ले सवाब ऊल्टा —*सैयद इंशा अल्ला खाँ 'इंशा'*

कमर बाँधे हुए चलने को याँ सब यार बैठे हैं
बहुत आगे गये बाक़ी जो है तैयार बैठे हैं —*सैयद इंशा अल्ला खाँ 'इंशा'*

न छेड़ ऐ नकहते बादे बहारी राह लग अपनी
तुझे अठखेलियाँ सूझी हैं हम बेज़ार बैठे हैं —*सैयद इंशा अल्ला खाँ 'इंशा'*

भला गर्दिश फलक की चैन देती है किसे 'इंशा'
ग़नीमत है कि हम सूरत यहां दो चार बैठे हैं —*सैयद इंशा अल्ला खाँ 'इंशा'*

कोई दुनिया क्या भला माँगे ?
वो तो बेचारी आप नंगी है —*सैयद इंशा अल्ला खाँ 'इंशा'*

दोस्त हो जब दुश्मने-जाँ हो तो क्या मालूम हो
आदमी को किस तरह अपनी क़ज़ा मालूम हो —*ख्वाज़ा हैदर अली 'आतिश'*

आशिक़ों से पूछिये ख़ूबी लबे-जाँ बख़्श की
जौहरी को क़द्रे-लाले-बेबहा मालूम हो —*ख्वाज़ा हैदर अली 'आतिश'*

दाम में लाया है 'आतिश' सब्ज़ये-ख़ते-बुतां
सच है क्या इंसां को क़िस्मत का लिखा मालूम हो —*ख्वाज़ा हैदर अली 'आतिश'*

आये भी लोग बैठे भी उठ भी खड़े हुए
मैं जा ही ढूँढ़ता तिरी महफ़िल में रह गया —*ख्वाज़ा हैदर अली 'आतिश'*

सुन तो सही जहाँ में है तेरा फ़साना क्या
कहती है तुझको ख़ल्के ख़ुदा ग़ायबाना क्या —*ख्वाज़ा हैदर अली 'आतिश'*

चारों तरफ़ से सूरते जानाँ हो जलवागर
दिल साफ़ हो तिरा तो है आईना ख़ाना क्या —*ख्वाज़ा हैदर अली 'आतिश'*

बड़ा शोर सुनते थे पहलू में दिल का
जो चीरा तो इक क़तरा-ए-ख़ूँ न निकला —*ख्वाज़ा हैदर अली 'आतिश'*

कोई इश्क़ में मुझ से अफ़ज़ूं न निकला
कभी सामने होके मजनूं न निकला —*ख्वाज़ा हैदर अली 'आतिश'*

न पूछ हाल मिरा बोबे ख़ुश्क सहरा हूँ
लगा के आग मुझे कारवाँ रवाना हुआ —*ख्वाज़ा हैदर अली 'आतिश'*

नाला-ए-बुलबुले शैदा में अगर है तासीर
दस्ते सय्याद में गुलचीं का गिरेबां होगा —*ख्वाज़ा हैदर अली 'आतिश'*

नक़्शे-पा-ए-रफ़्तगाँ से आ रही है यह सदा
दो क़दम में राह तय है शौके मंजिल चाहिए —*ख़्वाज़ा हैदर अली 'आतिश'*

गुस्ताख़ बहुत शम्अ से परवाना हुआ है
मौत आई है, सिर चढ़ता है, दीवाना हुआ है —*ख़्वाज़ा हैदर अली 'आतिश'*

फ़स्ले-बहार आई पियो मोमिनों शराब
बस हो चुकी नमाज़ मुसल्ला उठाईए —*ख़्वाज़ा हैदर अली 'आतिश'*

बुतख़ाना तोड़ डालिये, मस्ज़िद को ढाइए
दिल को न तोड़िये ये ख़ुदा का मुक़ाम है —*ख़्वाज़ा हैदर अली 'आतिश'*

गदा नवाज़ कोई शह सवार राह में है
बुलन्द आज निहायत गुबार राह में है —*ख़्वाज़ा हैदर अली 'आतिश'*

हँसने वाला नहीं है रोने पर
हम को गुरबत वतन से बेहतर है —*ख़्वाज़ा हैदर अली 'आतिश'*

लगी है देर बहुत नामाबर के आने में
वो ख़ुद ही आते हैं क़ासिद जवाब के बदले —*ख़्वाज़ा हैदर अली 'आतिश'*

ज़मीने चमन गुल खिलाती है क्या-क्या
दिखाता है रंग आस्मां कैसे-कैसे —*ख़्वाज़ा हैदर अली 'आतिश'*

हाले दिल कुछ-कुछ कहा मैंने तो बोला सुन के यार
बस इबारत हो चुकी मतलब पे आया चाहिए —*ख़्वाज़ा हैदर अली 'आतिश'*

पयामबर न मयस्सर हुआ तो ख़ूब हुआ
ज़बाने ग़ैर से क्या शरहे आरज़ू करते —*ख़्वाज़ा हैदर अली 'आतिश'*

चली भी जा जरसे गुंचा की सदा पे नसीम
कहीं तो क़ाफ़िला-ए-नौबहार ठहरेगा —*'मुसहफ़ी'*

ख़्वाब था या ख़याल था क्या था ?
हिज्र था या विसाल था क्या था ? —'मुसहफ़ी'

चमकी बिजली सी पर न समझे हम
हुस्न था या जमाल था क्या था —'मुसहफ़ी'

'मुसहफ़ी' इश्क़ की वादी में सँभल कर जाना
आदमी जाये है इस राह में अकसर मारा —'मुसहफ़ी'

पहना जो मैं ने जामा-ए-दीवानगी तो इश्क़
बोला कि ये बदन पे तिरे सज गया लिबास —'मुसहफ़ी'

उसके बदन से हुस्न टपकता नहीं तो फिर
लबरेज़ आबोरंग है क्यों पैराहन तमाम —'मुसहफ़ी'

यार का सुबह पे वादा-ए-वस्ल
एक शब और भी जीये ही बने —'मुसहफ़ी'

थमते-थमते थमेंगे आँसू
रोना है ये कुछ हँसीं नहीं है —'मुसहफ़ी'

बर्क़ को अब्र के दामन में छुपा देखा है
हमने उस शोख़ को मजबूरे-हया देखा है —'मुसहफ़ी'

शाहिद रहियो तू ऐ शबे हिज्र
झपकी नहीं आँख 'मुसहफ़ी' की —'मुसहफ़ी'

आया है जब चमन में नाज़ुक निहाल मेरा
हर शाख़े गुल ने अपने सिर को झुका दिया है —'मुसहफ़ी

ऐ साकिनाने कुंजे क़फस आई है बहार
ऐसे में तुम भी धूम मचाओ तो ख़ूब है —'मुसहफ़ी

ऐ दीदा ! शर्ते गिरया है अब्रे बहार से
इतना तो कीजियो कि मिरी आबरू रहे —*'मुसह्फ़ी'*

इक वाक़िफ़े कार अपने से कहता था तो ये बात
जुर्अत् के जो घर रात को मेहमान गये हम —*क़लन्दर बख़्श जुर्अत्*

क्या जानिये कमबख़्त ने किया हम पे क्या सहर
जो बात न थी मानने की मान गये हम —*क़लन्दर बख़्श जुर्अत्*

क्या जाने क्या वो उसमें है लौटे है जिस पै जी
यूं और क्या जहान में कोई हसीं नहीं —*क़लन्दर बख़्श जुर्अत्*

ख़्वाब में वो नज़र आता नहीं मुद्दत हुई
जागते ही जागते कटती है रातें सारियां —*क़लन्दर बख़्श जुर्अत्*

दिले वहशी को ख़्वाहिश है तुम्हारे दर पे आने की
दिवाना है वो लेकिन बात कहता है ठिकाने की —*क़लन्दर बख़्श जुर्अत्*

कोई इस फ़स्ल में दीवाना हुआ है शायद
कि हवा हाथ में ज़ंजीर लिए फिरती है —*तालिब अली ख़ाँ 'ऐशी'*

ये न थी हमारी क़िस्मत के विसाले यार होता
अगर और जीते रहते यही इन्तिज़ार होता —*मिर्ज़ा असदुल्लाह ख़ाँ*

तेरे वादे पे जिये हम तो ये जान झूठ जाना
कि ख़ुशी से मर न जाते अगर ऐतिबार होता —*मिर्ज़ा असदुल्लाह ख़ाँ 'ग़ालिब'*

कोई मेरे दिल से पूछे तिरे तीरे-नीमकश को
ये ख़ालिश कहाँ से होती जो जिगर के पार होता —*मिर्ज़ा असदुल्लाह ख़ाँ 'ग़ालिब'*

ये कहाँ की दोस्ती है कि बने हैं दोस्त नासेह
कोई चारा-साज़ होता कोई ग़मगुसार होता —*मिर्ज़ा असदुल्लाह ख़ाँ 'ग़ालिब'*

रगे-संग से टपकता वो लहू कि फिर न थमता
जिसे ग़म समझ रहे हो ये अगर शरार होता —*मिर्ज़ा असदुल्लाह ख़ाँ 'ग़ालिब'*

कहूँ किस से मैं कि क्या है शबे-ग़म बुरी बला है
मुझे क्या बुरा था मरना अगर एक बार होता —*मिर्ज़ा असदुल्लाह ख़ाँ 'ग़ालिब'*

हुए हम जो मर के रुसवा हुए क्यूँ न ग़र्क़े-दरिया
न कभी जनाज़ा उठता न कहीं मज़ार होता —*मिर्ज़ा असदुल्लाह ख़ाँ 'ग़ालिब'*

ये मसाईले-तसव्वुफ़ ये तिरा बयान 'ग़ालिब'
तुझे हम वली समझते जो न बादा-ख़्वार होता —*मिर्ज़ा असदुल्लाह ख़ाँ 'ग़ालिब'*

बस कि दुश्वार है हर काम का आसाँ होना
आदमी को भी मय्यसर नहीं इंसाँ होना —*मिर्ज़ा असदुल्लाह ख़ाँ 'ग़ालिब'*

जम्अ करते हो क्यों रक़ीबों को
इक तमाशा हुआ, गिला न हुआ —*मिर्ज़ा असदुल्लाह ख़ाँ 'ग़ालिब'*

इशरते क़तरा है दरिया में फ़ना हो जाना
दर्द का हद से गुज़रना है दवा हो जाना —*मिर्ज़ा असदुल्लाह ख़ाँ 'ग़ालिब'*

आये है बेकसी-ए-इश्क़ पै रोना 'ग़ालिब'
किस के घर जायेगा सैलाबे बला मेरे बाद —*मिर्ज़ा असदुल्लाह ख़ाँ 'ग़ालिब'*

आह को चाहिए इक उम्र असर होने तक
कौन जीता है तिरी ज़ुल्फ़ के सर होने तक —*मिर्ज़ा असदुल्लाह ख़ाँ 'ग़ालिब'*

हमने माना कि तग़ाफ़ुल न करोगे लेकिन
ख़ाक हो जायेंगे हम तुम को ख़बर होने तक —*मिर्ज़ा असदुल्लाह ख़ाँ 'ग़ालिब'*

सब कहाँ कुछ लाला-ओ-गुल में नुमायाँ हो गयीं
ख़ाक में क्या सूरतें होंगी कि पिनहाँ हो गयीं —*मिर्ज़ा असदुल्लाह ख़ाँ 'ग़ालिब'*

इस सादगी पे कौन न मर जाये ऐ ख़ुदा
लड़ते हैं और हाथ में तलवार भी नहीं —*मिर्ज़ा असदुल्लाह ख़ाँ 'ग़ालिब'*

दैर नहीं, हरम नहीं, दर नहीं, आस्ताँ नहीं
बैठे है रहगुज़र पै हम कोई हमें उठाये क्यों —*मिर्ज़ा असदुल्लाह ख़ाँ 'ग़ालिब'*

तुम जानो ग़ैर से जो तुम्हें रस्मो राह हो
मुझ को भी पूछते रहो तो क्या गुनाह हो —*मिर्ज़ा असदुल्लाह ख़ाँ 'ग़ालिब'*

वफ़ा कैसी, कहाँ का इश्क़ जब सर फोड़ना ठहरा
तो फिर ऐ संगदिल तेरा ही संगे आस्तां क्यों हो —*मिर्ज़ा असदुल्लाह ख़ाँ 'ग़ालिब'*

क़फ़स में मुझसे रूदादे चमन कहते न डर हमदम
गिरी है जिस पै कल बिजली वो मेरा आशियाँ क्यों हो—मिर्ज़ा असदुल्लाह ख़ाँ 'ग़ालिब'

क़त्अ कीजे न तअल्लुक़ हमसे
कुछ नहीं है तो अदावत ही सही —*मिर्ज़ा असदुल्लाह ख़ाँ 'ग़ालिब'*

उग रहा है दरो दीवार पै सब्ज़ा 'ग़ालिब'
हम बयाबां में हैं और घर में बहार आई है —*मिर्ज़ा असदुल्लाह ख़ाँ 'ग़ालिब'*

देखना तक़रीर की लज़्ज़त कि जो उसने कहा
मैंने ये जाना कि गोया ये भी मेरे दिल में है —*मिर्ज़ा असदुल्लाह ख़ाँ 'ग़ालिब'*

वो बादा-ए-शबाना की सरमस्तियाँ कहाँ
उठिये कि बस अब लज़्ज़ते ख़्वाबे सहर गई —*मिर्ज़ा असदुल्लाह ख़ाँ 'ग़ालिब'*

कोई उम्मीद बर नहीं आती
कोई सूरत नज़र नहीं आती —*मिर्ज़ा असदुल्लाह ख़ाँ 'ग़ालिब'*

आगे आती थी हाले दिल पे हँसी
अब किसी बात पर नहीं आती —*मिर्ज़ा असदुल्लाह ख़ाँ 'ग़ालिब'*

हम वहाँ है जहाँ से हमको भी
कुछ हमारी ख़बर नहीं आती — *—मिर्ज़ा असदुल्लाह ख़ाँ 'ग़ालिब'*

काबे किस मुँह से जाओगे 'ग़ालिब'
शर्म तुम को मगर नहीं आती — *—मिर्ज़ा असदुल्लाह ख़ाँ 'ग़ालिब'*

दिले नादाँ तुझे हुआ क्या है
आख़िर इस दर्द की दवा क्या है — *—मिर्ज़ा असदुल्लाह ख़ाँ 'ग़ालिब'*

हम हैं मुश्ताक़ और वो बेज़ार
या इलाही यह माजरा क्या है — *—मिर्ज़ा असदुल्लाह ख़ाँ 'ग़ालिब'*

ये परी चेहरा लोग कैसे हैं
ग़मज़ा-ओ-अशवा-ओ-अदा क्या है — *—मिर्ज़ा असदुल्लाह ख़ाँ 'ग़ालिब'*

हम को उनसे वफ़ा की है उम्मीद
जो नहीं जानते वफ़ा क्या है — *—मिर्ज़ा असदुल्लाह ख़ाँ 'ग़ालिब'*

लिखते रहे जुनूं की हिकायाते ख़ूंचकाँ
हर चंद इसमें हाथ हमारे क़लम हुए — *—मिर्ज़ा असदुल्लाह ख़ाँ 'ग़ालिब'*

रगों में दौड़ने-फिरने के हम नहीं क़ायल
जब आँख ही से न टपका तो फिर लहू क्या है — *—मिर्ज़ा असदुल्लाह ख़ाँ 'ग़ालिब'*

उनके देखे से जो आ जाती है मुँह पर रौनक़
वो समझते हैं कि बीमार का हाल अच्छा है — *—मिर्ज़ा असदुल्लाह ख़ाँ 'ग़ालिब'*

हम को मालूम है जन्नत की हक़ीक़त लेकिन
दिल के ख़ुश रखने को 'ग़ालिब' यह ख़्याल अच्छा है — *—मिर्ज़ा असदुल्लाह ख़ाँ 'ग़ालिब'*

चाहते हैं ख़ूबरुओं को 'असद'
आपकी सूरत तो देखा चाहिए — *—मिर्ज़ा असदुल्लाह ख़ाँ 'ग़ालिबे'*

रोने से और इश्क़ में बेबाक हो गये
धोये गये हम इतने कि बस पाक हो गये —*मिर्ज़ा असदुल्लाह ख़ाँ 'ग़ालिब'*

बक रहा हूँ जुनूं में क्या-क्या कुछ
कुछ न समझे ख़ुदा कर कोई —*मिर्ज़ा असदुल्लाह ख़ाँ 'ग़ालिब'*

जब तवक़्क़ो ही उठ गई 'ग़ालिब'
क्यों किसी का गिला करे कोई —*मिर्ज़ा असदुल्लाह ख़ाँ 'ग़ालिब'*

हज़ारों ख़्वाहिशें ऐसी कि हर ख़्वाहिश पे दम निकले
बहुत निकले मेरे अरमान लेकिन फिर भी कम निकले —*मिर्ज़ा असदुल्लाह ख़ाँ 'ग़ालिब'*

निकलना ख़ुल्द से आदम का सुनते आये थे लेकिन
बहुत बे आबरू होकर तेरे कूचे से हम निकले —*मिर्ज़ा असदुल्लाह ख़ाँ 'ग़ालिब'*

असर उसको ज़रा नहीं होता
रंज राहत-फ़िज़ा नहीं होता —*हकीम मोमिन ख़ाँ 'मोमिन'*

बेवफ़ा कहने की शिकायत है
तो भी वादा वफ़ा नहीं होता —*हकीम मोमिन ख़ाँ 'मोमिन'*

उसने क्या जाने क्या किया लेकर
दिल किसी काम का नहीं होता —*हकीम मोमिन ख़ाँ 'मोमिन'*

नारसाई से दम रुके तो रुके
मैं किसी से ख़फ़ा नहीं होता —*हकीम मोमिन ख़ाँ 'मोमिन'*

तुम मिरे पास होते हो गोया
जब कोई दूसरा नहीं होता —*हकीम मोमिन ख़ाँ 'मोमिन'*

हाले-दिल यार को लिखूँ क्यूँकर
हाथ दिल से जुदा नहीं होता —*हकीम मोमिन ख़ाँ 'मोमिन'*

क्यूँ सुनें अर्ज़े-मुज़तर ऐ 'मोमिन'
सनम आख़िर ख़ुदा नहीं होता —*हकीम मोमिन ख़ाँ 'मोमिन'*

तुम हमारे किसी तरह न हुए
वरना दुनिया में क्या नहीं होता —*हकीम मोमिन ख़ाँ 'मोमिन'*

उस ग़ैरते नाहीद की हर तान है दीपक
शोला सा लपक जाये है आवाज़ तो देखो —*हकीम मोमिन ख़ाँ 'मोमिन'*

माशूक़ से भी हमने निबाही बराबरी
वाँ लुत्फ़ कम हुआ तो यहाँ प्यार कम हुआ —*हकीम मोमिन ख़ाँ 'मोमिन'*

अब और से लौ लगायेंगे हम
जूँ शमाँ तुझे जलायेंगे हम —*हकीम मोमिन ख़ाँ 'मोमिन'*

है दोस्ती तो जानिबे-दुश्मन न देखना
जादू भरा हुआ है तुम्हारी निगाह में —*हकीम मोमिन ख़ाँ 'मोमिन'*

वो आये हैं पशेमां लाश पर अब
तुझे ऐ ज़िंदगी लाऊँ कहाँ से —*हकीम मोमिन ख़ाँ 'मोमिन'*

इस नक़्शे पा के सजदे ने क्या क्या किया ज़लील
मैं कूचा-ए-रक़ीब में भी सर के बल गया —*हकीम मोमिन ख़ाँ 'मोमिन'*

कुछ क़फ़स में इन दिनों लगता है जी
आशियाँ अपना हुआ बरबाद क्या —*हकीम मोमिन ख़ाँ 'मोमिन'*

ठानी थी दिल में अब न मिलेंगे किसी से हम
पर क्या करें कि हो गये नाचार जी से हम —*हकीम मोमिन ख़ाँ 'मोमिन'*

हँसते जो देखते हैं किसी को किसी से हम
मुँह देख-देख रोते हैं किस बेकसी से हम —*हकीम मोमिन ख़ाँ 'मोमिन'*

ताबे नज़्ज़ारा नहीं आईना क्या देखने दूँ
और बन जायेंगे तस्वीर जो हैराँ होंगे —हकीम मोमिन ख़ाँ 'मोमिन'

तू कहाँ जायेगी कुछ अपना ठिकाना कर ले
हम तो कल ख़्वाबे अदम में शबे हिज्राँ होंगे —हकीम मोमिन ख़ाँ 'मोमिन'

फिर बहार आई वही दश्त नवर्दी होगी
फिर वही पाँव, वहीं ख़ारे मुग़ीलाँ होंगे —हकीम मोमिन ख़ाँ 'मोमिन'

उम्र सारी तो कटी इश्क़े बुतां में 'मोमिन'
आख़री वक़्त में क्या ख़ाक मुसलमां होंगे —हकीम मोमिन ख़ाँ 'मोमिन'

मिरे तग़य्युरे-रंग को मत देख
तुझ को अपनी नज़र न हो जाये —हकीम मोमिन ख़ाँ 'मोमिन'

मैं भी ख़ुश नहीं वफ़ा करके
तुमने अच्छा किया निबाह न की —हकीम मोमिन ख़ाँ 'मोमिन'

बीमारे-मुहब्बत ने लिया तेरे सँभाला
लेकिन वो सँभाले से सँभल जाये तो अच्छा —ज़ौक़

तुम भूल कर भी याद नहीं करते हो कभी
हमने तुम्हारी याद में सब कुछ भुला दिया —ज़ौक़

लाई हयात आये क़ज़ा ले चली चले
अपनी ख़ुशी से आये न अपनी ख़ुशी चले —ज़ौक़

अब तो घबरा के ये कहते हैं कि मर जायेंगे
मर के भी चैन न पाया तो किधर जायेंगे —ज़ौक़

फूल तो दो दिन बहारे जाँ फ़िज़ा दिखला गये
हसरत उन ग़ुंचों पे है जो बिन खिले मुरझा गये —ज़ौक़

गुल हाये रंगारंग से है रौनक़े चमन
ऐ ज़ौक़ इस जहाँ को है ज़ेब इख़्तिलाफ़ से —ज़ौक़

वक़्ते पीरी शबाब की बातें
ऐसी हैं जैसे ख़्वाब की बातें —ज़ौक़

ऐ ज़ौक़ तकल्लुफ़ में है तकलीफ़ सरासर
आराम से वो हैं जो तकल्लुफ़ नहीं करते —ज़ौक़

गुल उस निगह के ज़ख़्म रसीदों में मिल गया
ये भी लहू लगा के शहीदों में मिल गया —ज़ौक़

नाज़ुक ख़यालियाँ मिरी तोड़े उदू का दिल
मैं वो बला हूँ शीशे से पत्थर को तोड़ दूँ —ज़ौक़

बजा कहे जिसे आलम उसे बजा समझो
ज़बाने ख़ल्क़ को नक़्क़ारा-ए-ख़ुदा समझो —ज़ौक़

अऐ ज़ौक़ किसी हमदमे-दैरीना का मिलना
बेहतर है मुलाक़ाते-मसीहा-ओ-ख़िज़्र से —ज़ौक़

कहते हैं आज ज़ौक जहाँ से गुज़र गया
हक मग़फ़िरत करे अजब आज़ाद मर्द था —ज़ौक़

मज़्कूर तेरी बज़्म में किसका नहीं आता
पर ज़िक्र हमारा नहीं आता, नहीं आता —ज़ौक़

अऐ शम्आ तेरी उम्रे-तबीई है एक रात
रो कर गुज़ार या इसे हँस कर गुज़ार दे —ज़ौक़

बाद मुद्दत के गले मिलते हुए रुकता है दिल
अब मुनासिब है यही कुछ मैं बढ़ूँ कुछ तुम बढ़ो —ज़ौक़

कितने मुफ़लिस हो गये कितने तवंगर हो गये
ख़ाक में जब मिल गये दोनों बराबर हो गये —ज़ौक़

माथे पे तेरे चमके है झूमर का पड़ा चाँद
ला बोसा चढ़े चाँद का वादा था चढ़ा चाँद —ज़ौक़

देख छोटों को है अल्लाह बड़ाई देता
आसमाँ आँख के है तिल में दिखाई देता —ज़ौक़

अऐ ज़ौक़, देख दुख़्तरे-रज़ को न दिल लगा
छुटती नहीं है मुँह से ये काफ़िर लगी हुई —ज़ौक़

जिस जगह बैठे हैं बा दीदा एनम बैठे हैं
आज किस शख़्स का मुँह देख के हम बैठे हैं —ज़ौक़

अब तो घबरा के ये कहते हैं कि मर जाएँगे
मर के भी चैन न पाया तो किधर जाएँगे —ज़ौक़

आग दोज़ख़ की भी हो जायेगी पानी पानी
जब ये आसी, अर्क़े-शर्म से तर जाएँगे —ज़ौक़

शोला-ए-आह को बिजली की तरह चमकाऊँ
पर मुझे डर है, कि वो देख के डर जाएँगे —ज़ौक़

लाए जो मस्त हैं तुर्बत पे गुलाबी आँखें
और अगर कुछ नहीं, दो फूल तो धर जाएँगे —ज़ौक़

हम नहीं वो, जो करें ख़ून का दावा तुझ पर
बल्कि पूछेगा ख़ुदा भी तो मुकर जाएँगे —ज़ौक़

पहुँचेंगे रहगुज़रे-यार तलक हम क्यों कर
पहले जब तक न दो आलम से गुज़र जाएँगे —ज़ौक़

तमन्नाओं में उलझाया गया हूँ
खिलौने दे के बहलाया गया हूँ —*शाद अज़ीमाबादी*

हमने भी वजऐ-ग़म बदल डाली
जब से वो तर्ज़े-इल्तिफ़ात गई —*जिगर*

मुहब्बत में इक ऐसा वक़्त भी दिल पर गुज़रता है
कि आँसू ख़श्क हो जाते हैं तुग़ियानी नहीं जाती —*जिगर*

आदमी आदमी से मिलता है
दिल मगर कम किसी से मिलता है —*जिगर*

अपने मरकज़ की तरफ़ माइले परवाज़ था हुस्न
भूलता ही नहीं आलम तेरी अँगड़ाई का —*अज़ीज़ लखनवी*

ग़ज़ल उसने छेड़ी मुझे साज़ देना
ज़रा उम्रे रफ़्ता को आवाज़ देना —*सफ़ी लखनवी*

ऐ शम्आ तुझपे रात ये भारी है जिस तरह
हमने तमाम उम्र गुज़ारी है इस तरह —*नातिक़ लखनवी*

या मुझे अफ़सरे शाहा न बनाया होता
या मेरा ताज गदाया न बनाया होता —*बहादुर शाह ज़फ़र*

था जलाना ही अगर दूरी-ए-साक़ी से मुझे
तो चराग़े-दरे-मैख़ाना बनाया होता —*बहादुर शाह ज़फ़र*

उसकी आँखों ने ख़ुदा जाने किया क्या जादू
कि तबीअत मिरी माइल कभी ऐसी तो न थी —*बहादुर शाह ज़फ़र*

चश्मे-क़ातिल मिरी दुश्मन थी हमेशा लेकिन
जैसी अब हो गई क़ातिल कभी ऐसी तो न थी —*बहादुर शाह ज़फ़र*

रात किस को गले हमने लगाया था ज़फ़र
पैरहन जो इत्र की ख़ुशबू में है डूबा हुआ —*बहादुर शाह ज़फ़र*

रहते इक जा नहीं आवारा तिरे ज्यूँ ख़ुर्शीद
सुब्ह रहते हैं कहीं शाम कहीं रहते हैं —*बहादुर शाह ज़फ़र*

मेरे दिले-शिकस्ता में आकर वो क्या रहे
रहता है कौन ऐसे शिकस्ता मकान में —*बहादुर शाह ज़फ़र*

पसे-मर्ग मेरे मज़ार पर जो दिया किसी ने जला दिया
उसे आह ! दामने-बाद ने सरेशाम ही से बुझा दिया —*बहादुर शाह ज़फ़र*

मुझे दफ़्न करना तू जिस घड़ी, तो ये उससे कहना कि ऐ परी
वो जो तेरा आशिक़े-ज़ार था, तहे-ख़ाक उसको दबा दिया —*बहादुर शाह ज़फ़र*

मिरी आँख झपकी थी एक पल, मिरे दिल ने चाहा कि उठके चल
दिले बेक़रार ने ओ मियाँ ! वहीं चुटकी लेके जगा दिया —*बहादुर शाह ज़फ़र*

बात करनी मुझे मुश्किल कभी ऐसी तो न थी
जैसी अब है तिरी महफ़िल कभी ऐसी तो न थी —*बहादुर शाह ज़फ़र*

ले गया छीन के कौन आज तिरा सब्रो-क़रार
बेक़रारी तुझे ऐ दिल कभी ऐसी तो न थी —*बहादुर शाह ज़फ़र*

हम भी उम्मीदे वस्ल से ख़ुश हैं
है ज़माने को इंक़िलाब बहुत —*मीर मेहदी 'मजरूह'*

गिले में बख़्त के उन का भी कुछ क़िस्सा निकल आया
हुई थी सुलह किस मुश्किल से फिर झगड़ा निकल आया —*'नसीम'* देहलवी

नाम मेरा सुनते ही शर्मा गये
तुम ने तो ख़ुद आपको रुस्वा किया —*'नसीम'* देहलवी

लाये उस बुत को इल्तिजा करके
कुफ़्र टूटा ख़ुदा-ख़ुदा करके —'नसीम' देहलवी

ये न जाना था कि उस महफ़िल में दिल रह जाएगा
हम यह समझे थे चले आएँगे दम भर बैठ कर —निज़ामउद्दीन 'ममनून'

लबरेज़ उसके हाथ में साग़र शराब का
हँसता है अक्से रुख़ से कटोरा गुलाब का —इमाम बख़्श 'नासिख़'

रश्क़ से नाम नहीं लेते कि सुन ले न कोई
दिल ही दिल में उसे हम याद किया करते हैं —इमाम बख़्श 'नासिख़'

न सजदा-ए-दरे-जानां से सिर उठाऊंगा
ये वो नमाज़ है जिसका कोई सलाम नहीं —इमाम बख़्श 'नासिख़'

रिफ़अत कभी किसी की गवारा यहाँ न की
जिस सरज़मीं के हम हैं वहाँ आसमां नहीं —इमाम बख़्श 'नासिख़'

हम अदा दाँ समझते है ऐ जानां
नाज़ है हुस्न का, गुरूर नहीं —इमाम बख़्श 'नासिख़'

दिल बना आशिक़ी में ख़ुद मुख़्तार
और मजबूर कर दिया हम को —इमाम बख़्श 'नासिख़'

जुनूं पसन्द मुझे छाँव है बबूलों की
अजब बहार है इन ज़र्द-ज़र्द फूलों की —इमाम बख़्श 'नासिख़'

ख़्याले जुल्फ़ में हर दम 'नसीर' पीटा कर
गया है साँप निकल अब लकीर पीटा कर —'नसीर' देहलवी

हुस्न ने उस को चुन लिया ऐ 'बर्क़'
इश्क़ ने हम को इन्तिख़ाब किया —'बर्क़' लखनवी

इतना तो जज़्बे इश्क़ ने बारे असर किया
उस को भी अब मलाल है मेरे मलाल का —*'बर्क़' लखनवी*

अज़ां दी काबे में, नाक़ूस दैर में फूंका
कहाँ-कहाँ तिरा आशिक़ तुझे पुकार आया —*'बर्क़' लखनवी*

शबे फुरक़त भी काट देते हैं
क्या करें उम्र अगर वफ़ा न करे —*'बर्क़' लखनवी*

दीनो दुनिया, सब्रो-ताक़त, अक़्लो-दिल, होशो हवास
आप ये सब ले चुके कहिये तो अब क्या चाहिए
—*मुंशी अनवर हुसैन 'तसलीम'*

ख़ूं बहा, लाश जली, ख़ाक उड़ी बे तकसीर?
दिल में ज़ालिम के रही फिर भी कुदूरत बाक़ी —*मुंशी अनवर हुसैन 'तसलीम'*

यूं पुकारे हैं मुझे कूचाये जानां वाले
इधर आ बे, अबे, ओ चाक गिरेबाँ वाले —*मुंशी अनवर हुसैन 'तसलीम'*

हज़ारों नामवर आकर बसे शहरे खमोशां में
मगर इस सर ज़मीं की फिर भी वीरानी नहीं जाती
—*हाफ़िज़ मोहम्मद तालिब उल्लाह 'हाफ़िज़'*

रोशनी जिन से हुई दुनिया में उनकी क़ब्र पर
आज इतना भी नहीं जाकर कोई रख दे चिराग़
—*हाफ़िज़ मोहम्मद तालिब उल्लाह 'हाफ़िज़'*

एक सी शोख़ी ख़ुदा ने दी है हुस्नो इश्क़ को
फ़र्क़ बस इतना कि वो आँखों में है ये दिल में है —*'जलाल' लखनवी*

ख़ूबरूओं के बिगड़ने में हैं लाख बनाव
कहीं अच्छों की कोई बात बुरी होती है —*'जलाल' लखनवी*

उससे कुछ ज़िक्र मिरा भी दिले नाशाद रहे
वक़्त पे भूल न जाना ये तुझे याद रहे —'जलाल' लखनवी

ख़ाक में मुझ को मिलाकर वो सनम कहता है
अपने अल्लाह से जाकर मिरी फ़रियाद करो —'सबा' लखनवी

यूँहीं उड़ा करेंगी गिरेबां की धज्जियाँ
जब तक कि हाथ दामने जानां से दूर है —'सबा' लखनवी

फ़स्ले-जुनूँ है जामा दरी की बहार है
टूटे वो हाथ जो कि गिरेबां से दूर है —'सबा' लखनवी

मर गये आशिक़े नालां तो कहा उस बुत ने
सो गये फ़ितनये महशर को जगाने वाले —'सबा' लखनवी

कूचए इश्क़ की राहें कोई हम से पूछे
ख़िज़्र क्या जानें ग़रीब अगले जमाने वाले —'सबा' लखनवी

उस मसीहा से इलाजे दिले शैदा न हुआ
ये भी अच्छा हुआ बीमार जो अच्छा न हुआ —'माह' लखनवी

कारे मुहाल सहल किया हमने इश्क़ में
दुश्मन को दोस्त, दोस्त को दुश्मन बना लिया —'माह' लखनवी

हाय ! कब तक मैं न घबराऊँगा ऐ दश्ते जुनूं
अब तो दामन भी नहीं है कि बहल जाऊँगा —तसनीम लखनवी

हमेशा पास किसे आके देख जाती है
कोई उम्मीद है बाक़ी दिले ख़राब में क्या —तसनीम लखनवी

काबे का इरादा किये निकले तो हैं घर से
आ जाये तो बुत सामने इस दम तो मज़ा है —तसनीम लखनवी

क्या कह के अंदलीब चमन से निकल गई
क्या सुन लिया गुलों ने कि रंगत बदल गई —*तसनीम लखनवी*

अफ़सानागो ने और भी बेख़्वाब कर दिया
ज़ालिम सुना रहा है मिरी दास्तां मुझे —*तसनीम लखनवी*

शमीमेयार जब तक चमन में छू आये
न रंग आये किसी फूल में न बू आये —*तसनीम लखनवी*

दिमाग़ दे जो ख़ुदा गुलशने मोहब्बत में
हर एक गुल से तिरे पैराहन की बू आये —*तसनीम लखनवी*

जुस्तजू में तिरी थक-थक गये चलने वाले
पाँव फैलाये पड़े हैं सरे मंज़िल क्या-क्या —*'सफ़ीर' बिलगिरामी*

चला है ओ दिले राहत तलब क्या शादमां होकर
ज़मीने कूये जानां रंज देगी आस्मां होकर —*मोहम्मद ख़्वाजा 'वज़ीर'*

तिरछी नज़रों से न देखो आशिक़े दिलगीर को
कैसे तीर-अन्दाज़ हो सीधा तो कर लो तीर को —*मोहम्मद ख़्वाजा 'वज़ीर'*

बालो-पर भी गये बहार के साथ
अब तवक़्क़ो नहीं रिहाई की —*मोहम्मद ख़्वाजा 'वज़ीर'*

जवाब दो कि न दो ऐ बुतो नहीं परवा
कहूँ जो कुछ वो बराये ख़ुदा सुनो तो सही —*नवाब बेगम 'हिजाब'*

दश्ते जुनूँ से नक़्शे-कफ़े-पा उलझ पड़ा
शुक्रे ख़ुदा कि पाँव मिरा दरम्याँ न था —*मुनीर शिकोह आबादी*

बिजली थी मेहरबान, कभी आतिशे बहार
सद शुक्र बे चिराग़ मिरा आशियाँ न था —*मुनीर शिकोह आबादी*

उनके जाते ही न ठहरेगी बहारे बज़्मे ऐश
साथ अपने एक गुल सारा चमन ले जाएगा —*मुनीर शिकोह आबादी*

शायद निगहे-यार ही उस कूचे में ठहरे
अब तक रगे जाँ में कोई नश्तर तो न ठहरा —*मुनीर शिकोह आबादी*

याद में जिसकी भुलाया सब कुछ
उसकी मैं याद भुलाऊँ क्योंकर —*नवाब मुस्तफा ख़ाँ 'शेफ़्ता'*

हौज़े कौसर पै जा निकलता है
यही रस्ता शराब ख़ाने का —'माईल' देहलवी

झपकी थी ज़रा आँख कि वो ख़्वाब में आये
इस रात को मैं अब शबे ग़म कह नहीं सकता —*'माईल' देहलवी*

'माईल' हमें तो रात कहीं रह के काटनी
मस्जिद में जा पड़ेंगे जो मय ख़ाना बन्द है —*'माईल' देहलवी*

देना वो उस का साग़रे मय याद है 'निज़ाम'
मुँह फेर कर उधर को, इधर को हाथ —*'निज़ाम' रामपुरी*

आने का वादा उसने किया हो तो मैं कहूं
कुछ ख़ूं ही पड़ गई है मुझे इन्तिज़ार की —*'निज़ाम' रामपुरी*

सद साला दौरे चर्ख़ था साग़र का एक दौर
निकले जो मयकदे से तो दुनिया बदल गयी —*गुस्ताख़ रामपुरी*

सुनता ही नहीं वो बुतेगुमराह किसी की
ऐसा न हो सुनले कहीं अल्लाह किसी की —*'रिंद' लखनवी*

दीवानों से कह दो कि चली बादे बहारी
क्या अब की बरस चाक गिरेबाँ न करेंगे —*'रिंद' लखनवी*

सैर की, ख़ूब फिरे, शाद रहे
बाग़बाँ जाते हैं गुलशन तिरा आबाद रहे —*'रिंद' लखनवी*

ये मंसबे बुलन्द मिला जिसको मिल गया
हर मुद्दई के वास्ते दारो रसन कहाँ —*'रशकी' देहलवी*

तुम से गिला नहीं है हमारा क़सूर है
ऊपर उठाइये निगहे-शर्मसार को —*'रशकी' देहलवी*

दूर से आये थे साक़ी सुन के मयख़ाने को हम
बस तरसते ही चले अफ़सोस पैमाने को हम —*नज़ीर अकबराबादी*

मय भी है, मीना भी है, साग़र भी है साक़ी नहीं
दिल में आता है लगा दें, आग मयख़ाने को हम —*नज़ीर अकबराबादी*

ताक़े अबरू में सनम के क्या खुदाई रह गई
अब तो पूजेंगे उसी काफ़िर के बुतख़ाने को हम —नज़ीर अकबराबादी

क्या हुई तक़सीर हम से, तू बता दे ए 'नज़ीर'
ताकि शादी-मर्ग समझें, ऐसे मर जाने को हम —*नज़ीर अकबराबादी*

ख़ुदा रख्खे मुहब्बत ने किये आबाद घर दोनों
मैं उनके दिल में रहता हूँ वो मेरे दिल में रहते हैं —*दाग़ देहलवी*

कोई नामो-निशाँ पूछे तो ऐ क़ासिद बता देना
तख़ल्लुस दाग़ है और आशिक़ों के दिल में रहते हैं —*दाग़ देहलवी*

आख़िर को इश्क़ कुफ़्र से ईमान हो गया
मैं बुत परस्तियों से मुसलमान हो गया —*दाग़ देहलवी*

लो ऐ बुतो सुनो कि वो दाग़े सनम परस्त
मस्जिद में आज जाके मुसलमान हो गया —*दाग़ देहलवी*

ये मज़ा था दिल्लगी का कि बराबर आग लगती
न तुझे क़रार होता, न मुझे क़रार होता —*दाग़ देहलवी*

दिल क्या मिलाओगे कि हमें हो गया यक़ीन
तुम से तो ख़ाक में भी मिलाया न जायेगा —*दाग़ देहलवी*

सितम ही करना, जफ़ा ही करना, निगाहे-उल्फ़त कभी न करना
तुम्हें क़सम है हमारे सिर की, हमारे हक़ में कभी न करना —*दाग़ देहलवी*

ग़ज़ब किया तिरे वादे पे ऐतिबार किया
तमाम रात क़यामत का इंतज़ार किया —*दाग़ देहलवी*

जला के दाग़े मुहब्बत ने दिल को ख़ाक किया
बहार आई मिरे बाग़ में ख़िज़ां की तरह —*दाग़ देहलवी*

झुकी ज़रा चश्मे जंगजू भी निकल गई दिल की आरज़ू भी
बड़ा मज़ा उस मिलाप का है जो सुलह हो जाये जंग होकर —*दाग़ देहलवी*

उनसे कह दी है आरज़ू दिल की
अब मिरी बात का जवाब कहां —*दाग़ देहलवी*

दिल में घर याद के पैकान किये बैठे हैं
मुझ पै कब्ज़ा मिरे मेहमान किये बैठे हैं —*दाग़ देहलवी*

सबक़ ऐसा पढ़ा दिया तूने
दिल से सब कुछ भुला दिया तूने —*दाग़ देहलवी*

हम निकम्मे हुए ज़माने के
काम ऐसा सिखा दिया तूने —*दाग़ देहलवी*

बेतलब जो मिला, मिला मुझको
बेग़रज़ जो दिया, दिया तूने —*दाग़ देहलवी*

कहीं मुश्ताक़ से हिजाब हुआ
कहीं पर्दा उठा दिया तूने —*दाग़ देहलवी*

जिस क़दर मैंने तुझसे ख़्वाहिश की
मुझको उससे सिवा दिया तूने —*दाग़ देहलवी*

'दाग़' को कौन देने वाला था
जो दिया ऐ ख़ुदा दिया तूने —*दाग़ देहलवी*

रहरवे-राहे-मुहब्बत का ख़ुदा हाफ़िज़ है
इस में दो चार बहुत सख़्त मुक़ाम आते हैं —*दाग़ देहलवी*

जलवे मिरी निगाह में कौनो-मकाँ के हैं
मुझसे कहाँ छुपेंगे वो ऐसे कहाँ के हैं —*दाग़ देहलवी*

लुत्फ़े मय तुझ से क्या कहूँ ज़ाहिद
हाय ! कमबख़्त तूने पी ही नहीं —*दाग़ देहलवी*

उड़ गई यूं वफ़ा ज़माने से
कभी गोया किसी में थी ही नहीं —*दाग़ देहलवी*

'दाग़' क्यों तुम को बेवफ़ा कहता
वो शिकायत का आदमी ही नहीं —*दाग़ देहलवी*

राह पर उन को लगा लाये तो हैं बातों में
और खुल जायेंगे दो चार मुलाक़ातों में —*दाग़ देहलवी*

तबीयत कोई दिन में भर जायेगी
चढ़ी है यह नद्दी उतर जायेगी —*दाग़ देहलवी*

रहेंगी दमे मर्ग तक ख़्वाहिशें
ये नीयत कोई आज भर जायेगी —*दाग़ देहलवी*

रहेगा तेरा जलवा मद्दे नज़र
जहाँ तक हमारी नज़र जायेगी

—दाग़ देहलवी

क्या जुदाई का असर है कि शबे तन्हाई
तेरी तस्वीर से मिलती नहीं सूरत मेरी

—दाग़ देहलवी

सनम कदे के हुए हम न मयकदे के हुए
ये दाग़ दिल पे मुसलमान ले के जायेंगे

—दाग़ देहलवी

हमें ये फ़िक्र कि दिल सोच कर समझकर दें
उन्हें ये ज़िद कि इसी आन लेके जायेंगे

—दाग़ देहलवी

फ़सुर्दा दिल कभी ख़ल्वत न अंजुमन में रहे
बहार हो के रहे हम तो जिस चमन में रहे

—दाग़ देहलवी

तिरा तो हुस्न है ऐ शोलारू, जो तू चाहे
बग़ैर शम्आ के परवाना अंजुमन में रहे

—दाग़ देहलवी

जुबान दे न अदू को कि ये तो वो शय है
तिरे दहन में रहे या मिरे दहन में रहे

—दाग़ देहलवी

अब वो ये कह रहे हैं मिरी मान जाइये
अल्लाह ! तेरी शान के क़ुर्बान जाइये

—दाग़ देहलवी

लूटेंगी वो निगाहें हर कारवाने दिल को
जब तक चलेगा रस्ता ये रहज़नी रहेगी

—दाग़ देहलवी

न जाना कि दुनिया से जाता है कोई
बहुत देर की मेहरबां आते-आते

—दाग़ देहलवी

कुछ ज़हर न थी शराबे अंगूर
क्या चीज़ हराम हो गई है

—दाग़ देहलवी

है जुस्तजू कि ख़ूब से है ख़ूबतर कहाँ
अब देखिए ठहरती है जाकर नज़र कहाँ —*मौलाना अलताफ़ हुसैन 'हाली'*

इक उम्र चाहिए कि गवारा हो नीशे-इश्क़
रक्खी है आज लज़्ज़ते-ज़ख़्मे-जिगर कहाँ —*मौलाना अलताफ़ हुसैन 'हाली'*

हम जिस पे मर रहे हैं वो है बात ही कुछ और
आलम में तुझसे लाख सही, तू मगर कहाँ —*मौलाना अलताफ़ हुसैन 'हाली'*

मिलते ही उन के भूल गईं कुल्फ़तें तमाम
गोया हमारे सिर पे कभी आस्मां न था —*मौलाना अलताफ़ हुसैन 'हाली'*

आगे वढ़े न क़िस्सये इश्क़े बुताँ से हम
सब कुछ कहा मगर न खुले राज़दाँ से हम —*मौलाना अलताफ़ हुसैन 'हाली'*

कोई मेहरम नहीं मिलता जहाँ में
मुझे कहना है कुछ अपनी ज़वां में —*मौलाना अलताफ़ हुसैन 'हाली'*

मस्जिद से निकल कर मैं रहे बुत कदा भूला
तक़दीर ने मेरी मुझे रख्खा न कहीं का —*'असीर लखनवी'*

खुदा जाने ये किस की जलवा गहे नाज़ है दुनिया
हज़ारो उठ गये, रंगत वही वाक़ी है महफ़िल की —*'असीर लखनवी'*

चली हज़ार हवा, लाख आंधियाँ आयीं
तिरी गली से मिट्टी ख़ाक़े नातवाँ न उठी —*'असीर लखनवी'*

हम भी मौजूद थे कल महफ़िले-जानां में 'अमीर'
रात को देर तलक आप का मज़कूर रहा —*अमीर 'मीनाई'*

फ़लक के दौर से दुनिया बदल गई वरना
जहाँ बने है ये मयख़ाने ख़ानकाहें थीं —*अमीर 'मीनाई'*

अमीर जम्अ हैं अहबाब दर्दे दिल कह ले
फिर इल्तिफ़ाते दिले दोस्ताँ रहे न रहे —अमार 'मीनाई'

उस दिल पे हज़ार जान सदक़े
जिस दिल में हो आरज़ू तुम्हारी —अमीर 'मीनाई'

गुज़िश्ता ख़ाक नशीनों की यादगार हूँ मैं
मिटा हुआ सा निशाने सरे मज़ार हूँ मैं —अमीर 'मीनाई'

फिर उसकी शाने करीमी के हौसले देखे
गुनहगार ये कह दे गुनहगार हूँ मैं —अमीर 'मीनाई'

मुश्किल है मसीहा को भी अब जान बचाना
निकली है क़ज़ा छुप के हसीनों की अदा में —अमीर 'मीनाई'

तुम को आता है प्यार पर गुस्सा
मुझ को गुस्से पे प्यार आता है —अमीर 'मीनाई'

बाग़बां कलियाँ हो हल्के रंग की
भेजनी हैं एक कमसिन के लिए —अमीर 'मीनाई'

वस्ल का दिन और इतना मुख़्तसर
दिन गिने जाते थे इस दिन के लिए —अमीर 'मीनाई'

शोरे महशर 'अमीर' को न जगा
सो गया है ग़रीब सोने दे —अमीर 'मीनाइ'

ढूंढोगे अगर मुल्कों-मुल्कों मिलने के नहीं नायाब हैं हम
ताबीर है जिस की हसरतो ग़म ऐ हम नफ़सों वो ख़्वाब हैं हम —'शाद' अज़ीमाबादी

मैं हैरतो हसरत का मारा, ख़ामोश खड़ा हूँ साहिल पर
दरिया-ए मुहब्बत कहता है आ कुछ भी नहीं पायाब हैं हम —'शाद' अज़ीमाबादी

ऐ शौक़ पता कुछ तू ही बता अब तक ये करिश्मा कुछ न खुला
हम में है दिले बेताब निहां या आप दिले बेताब हैं हम —*'शाद' अज़ीमाबादी*

मुर्ग़ाने क़फ़स को फूलों ने ऐ 'शाद' ये कहला भेजा है
आ जाओ जो तुम को आना हो ऐसे में अभी शादाब हैं हम —*'शाद' अज़ीमाबादी*

मैं और सैरे लाला-ओ-गुल हिज्रे यार में
कैसी बहार आग लगा दो बहार में —*'शाद' अज़ीमाबादी*

हूँ उस कूचे के हर ज़र्रे से आगाह
उधर से मुद्दतों आया गया हूँ —*'शाद' अज़ीमाबादी*

दिले मुज़्तर से पूछ ऐ रौनक़े बज़्म
मैं खुद आया नहीं लाया गया हूँ —*'शाद' अज़ीमाबादी*

हम आह भी करते हैं तो हो जाते हैं बदनाम
वो क़त्ल भी करते हैं तो चर्चा नहीं होता —*'अकबर' इलाहाबादी*

इक झलक उन की देख ली थी कभी
वो असर दिल से आज तक न गया —*'अकबर' इलाहाबादी*

अपने मरकज़ की तरफ माईले परवाज़ था हुस्न
भूलता ही नहीं आलम तिरी अंगड़ाई का —*अज़ीज़ लखनवी*

हिज्र की शब नाला-ए दिल वो सदा देने लगे
सुनने वाले रात कटने की दुआ देने लगे —*साक़िब लखनवी*

नशेमन न जलता निशानी तो रहती
हमारा था क्या ठीक रहते न रहते —*साक़िब लखनवी*

फ़ुग़ां में दर्द, दुआ में असर नहीं आता
जो तुम नहीं हो तो कोई इधर नहीं आता —*'जलील' मानिक पुरी*

ये रंग गुलाब की कली का
नक़्शा है किसी की कमसिनी का —'जलील' मानिक पुरी

मुँह फेर के यूँ चली जवानी
याद आ गया रूठना किसी का —'जलील' मानिक पुरी

देखो ! न 'जलील' को मिटाओ
मिट जाएगा नाम आशिक़ी का —'जलील' मानिक पुरी

जाते हो ख़ुदा हाफ़िज़, हाँ, इतनी गुज़ारिश है
जब याद हम आ जायें, मिलने की दुआ करना —'जलील' मानिक पुरी

अल्लाह रे तसल्ली कि रुख़े यार के आगे
यूं शम्आ है महफ़िल में कि महफ़िल में नहीं है —'जलील' मानिक पुरी

जब तक ख़लिशे दिल थी यक गूना मज़ा था
जब से मुझे आराम है, आराम नहीं हैं —'जलील' मानिक पुरी

दामन से अब लिपट के रहेगा मिरा गुबार
अच्छा किया जो ख़ाक में तुमने मिला दिया —'जलील' मानिक पुरी

निगाह बर्क़ नहीं, चेहरा आफ़ताब नहीं
वो आदमी है मगर देखने की ताब नहीं —'जलील' मानिक पुरी

मज़े बेताबियों के आ रहे हैं
वो हम को, हम उन्हें समझा रहे हैं —'जलील' मानिक पुरी

ओ आँख चुराके जाने वाले
हम भी थे कभी तेरी नज़र में —'जलील' मानकपुरी

वहार इक दम की है, खुलता नहीं कुछ
ये गुल खिल रहे हैं कि मुर्झा रहे हैं —'जलील' मानकपुरी

सब बांध चुके कब के सरे शाख़ नशेमन
हम है कि गुलिस्ताँ की हवा देख रहे हैं —'जलील' मानिक पुरी

या ख़ुदा दर्दे मुहब्बत में असर है कि नहीं
जिस पे मरता हूँ उसे मेरी ख़बर है कि नहीं —'जलील' मानिक पुरी

राहे तलब में ऐसा ख़ुद रफ़्ता कौन होगा
मंज़िल पे हम पहुंच कर मंज़िल को ढूंढ़ते हैं —'जलील' मानिक पुरी

ये जो सिर नीचे किये बैठे हैं
जान कितनों की लिये बैठे हैं —'जलील' मानिक पुरी

वाईज़ो छेड़ो न रिंदों को बहुत
ये समझ लो कि पिये बैठे हैं —'जलील' मानिक पुरी

अजब अदा से चमन में बहार आती है
कली-कली से मुझे बू-ए-यार आती है —'जलील' मानिक पुरी

कुछ इख़्तियार किसी का नहीं तबीयत पर
ये जिस पे आती है बे इख़्तियार आती है —'जलील' मानिक पुरी

तबस्सुम था इस रंग से उन के लब पर
मैं समझा कोई जाम छलका रहे हैं —'जलील' मानिक पुरी

है आबाद मेरे तस्व्वुर की दुनिया
हसीं आ रहे हैं, हसीं जा रहे हैं —'जलील' मानिक पुरी

न इशारा, न किनाया, न तबस्सुम, न कलाम
पास बैठे हैं, मगर दूर नज़र आते हैं —'जलील' मानिक पुरी

झूठे वादे भी नहीं करते आप
कोई जीने का सहारा भी नहीं —'जलील' मानिक पुरी

बूये मय पाके मैं चलता हुआ मयख़ाने को
इक परी थी कि दग़ा दे गयी दीवाने को —'जलील' मानिक पुरी

अब आँख चुराता है पिलाते हुए साग़र
रिंदों की नज़र लग गयी साक़ी की नज़र को —'जलील' मानिक पुरी

बात साक़ी की न टाली जाएगी
करके तौबा तोड़ डाली जाएगी —'जलील' मानिक पुरी

आते आते आएगा उनका ख़याल
जाते जाते बे ख़याली जाएगी —'जलील' मानिक पुरी

बे सबब अपनी जिगर कोई नहीं
इश्क़ की बुनियाद डाली जाएगी —'जलील' मानिक पुरी

फ़स्ले गुल आयी जुनूं उछला 'जलील'
अब तबीयत क्या सँभाली जायेगी —'जलील' मानिक पुरी

जब मैं चलूँ तो साया भी अपना न साथ दे
जब तुम चलो, ज़मीन चले, आस्मां चले —'जलील' मानिक पुरी

हम तुम मिले न थे तो जुदाई का था मलाल
अब ये मलाल है कि तमन्ना निकल गई —'जलील' मानिक पुरी

देखा जो हुस्ने यार तबीयत मचल गई
आँखों का था क़सूर छुरी दिल पे चल गई —'जलील' मानिक पुरी

अजब हौसला हमने गुंचों का देखा
तबस्सुम पे सारी जवानी लुटा दी —'जलील' मानिक पुरी

अब तक तिरी गली में ये रुस्वाइयाँ न थी
अब तक तो इस ज़मीं पे कोई आस्मां न था —'फ़ानी' बदायूँनी

ख़ल्क़ कहती है जिसे दिल तिरे दीवाने क्या
एक गोशा है ये दुनिया उसी वीराने का —*'फ़ानी' बदायूँनी*

इक मुअम्मा है समझने का, न समझाने का
ज़िन्दगी काहे को है ख़्वाब है दीवाने का —*'फ़ानी' बदायूँनी*

हर नफ़स उम्रे गुज़िश्ता की है मय्यत 'फ़ानी'
ज़िन्दगी नाम है मर-मर के जिये जाने का —*'फ़ानी' बदायूँनी*

शौक़ से नाकामी की बदौलत कूचये दिल ही छूट गया
सारी उम्मीदें टूट गयीं, दिल बैठ गया, जी छूट गया —*'फ़ानी' बदायूँनी*

फ़स्ले गुल आई या अजल आई, क्यों दरे ज़िंदा खुलता है
क्या कोई वहशी और आ पहुँचा या कोई क़ैदी छूट गया —*'फ़ानी' बदायूँनी*

मंज़िले इश्क़ पे तन्हा पहुंचे कोई तमन्ना साथ न थी
थक-थक कर इस राह में आख़िर इक इक साथी छूट गया —*'फ़ानी' बदायूँनी*

'फ़ानी' हम तो जीते जी वो मय्यत है बे ग़ोरो-कफ़न
ग़ुर्बत जिस को रास न आयी और वतन भी छूट गया —*'फ़ानी' बदायूँनी*

जलवा-ए-इश्क़ हक़ीक़त थी, हुस्ने मजाज़ बहाना था
शम्अ जिसे हम समझते थे, शम्अ न थी परवाना था —*'फ़ानी' बदायूँनी*

शोवदे आँखों के हमने ऐसे कितने देखे हैं
आँख खुली तो दुनिया थी, बन्द हुई अफसाना था —*'फ़ानी' बदायूँनी*

दिल अब दिल है ख़ुदा रखे, साक़ी को मयख़ाने को
वरना किसे मालूम था टूटा सा पैमाना था —*'फ़ानी' बदायूँनी*

बूये ख़िज़ां से मस्त हैं, याद हमें बहार क्या
हम तो चमन परस्त है, फूल कहाँ के, ख़ार क्या —*'फ़ानी' बदायूँनी*

ज़िक्र जब छिड़ गया क़यामत का
बात पहुंची तिरी जवानी तक —'फ़ानी' बदायूँनी

न इब्तिदा की ख़बर है, न इन्तिहा मालूम
रहा ये वहम कि हम हैं सो वो भी क्या मालूम —'फ़ानी' बदायूँनी

वो है मुख़्तार सज़ा दे कि जज़ा दे 'फ़ानी'
दो घड़ी होश में आने के गुनाहगार हैं हम —'फ़ानी' बदायूँनी

जितने मुँह है उतनी बातें दिल का पता क्या ख़ाक चले
जिसने दिल की चोरी की है एक उसी का नाम नहीं —'फ़ानी' बदायूँनी

दिल ही पर अपना बस नहीं चलता उनकी शिकायत क्या कीजे
आप हम अपने दुश्मन ठहरे दोस्त पे कुछ इल्ज़ाम नहीं —'फ़ानी' बदायूँनी

ज़माना बरसरे पैकार था मगर 'फ़ानी'
तड़प के हमने भी तड़पा दिया ज़माने को —'फ़ानी' बदायूँनी

दिल जिन से मिले अब वो निगाहें नहीं मिलतीं
मिलने को तो मिलती है नज़र उनकी नज़र से —'फ़ानी' बदायूँनी

वो गुल है गुल जिसे तेरी ख़ल्वत में बार था
वो शम्अ शम्अ है जो तिरी अन्जुमन में थी —'फ़ानी' बदायूँनी

बदला हुआ था रंग गुलों का तिरे बग़ैर
कुछ ख़ाक-सी उड़ी हुई सारे चमन में थी —'फ़ानी' बदायूँनी

फ़स्ले गुल ख़ैर तो है दश्त में दीवानों की
दामनों की ख़बर आई न गिरेबानों की —'फ़ानी' बदायूँनी

चश्मे साक़ी की वो मख़मूर निगाही तौबा
आँख पड़ती है छलकते हुए पैमानों की —'फ़ानी' बदायूँनी

चमका दिया है रंगे चमने लाला ज़ार ने
शायद ख़िज़ां को आग लगा दी बहार ने —'फ़ानी' बदायूँनी

दुनिया मेरी बला जाने महंगी है या सस्ती है
मौत मिले तो मुफ़्त न लूं, हस्ती की क्या हस्ती हैं —'फ़ानी' बदायूँनी

जान-सी शै बिक जाती है एक नज़र के बदले
आगे मर्ज़ी गाहक की इन दामों तो सस्ती हैं —'फ़ानी' बदायूँनी

आंसू थे ख़ुश्क हुए जी है कि उमड़ा आता है
दिल पर घटा सी छाई है खुलती है न बरसती है —'फ़ानी' बदायूँनी

दिल का उजड़ना सहल सही, बसना सहल नहीं ज़ालिम
बस्ती बसना खेल नहीं है, बसते-बसते बसती है —'फ़ानी' बदायूँनी

'फ़ानी' जिसमें आँसू क्या, दिल के लहू का काल न था
हाय ! वो आँखें अब पानी की दो बूंदों को तरसती है —'फ़ानी' बदायूँनी

समायें आँख में क्या शोबदे क़यामत के
मिरी निगाह में हैं जलवे किसी क़ामत के —'फ़ानी' बदायूँनी

रौनक़े पेराहन हुई ख़ूबिये जिस्मे नाज़नी
और भी शोख़ हो गया रंग तेरे लिबास का —हसरत मोहानी

रंग सोते में चमकता है तरहदारी का
तुर्फ़ा आलम है तिरे हुस्न की बेदारी का —हसरत मोहानी

रोशन जमाले यार से है अंजुमन तमाम
दहका हुआ है अतिशे गुल से चमन तमाम —हसरत मोहानी

हैरत-गुरूरे हुस्न से, शोख़ी से इज़्तिराब
दिल ने भी तेरे सीख लिए है चलन तमाम —हसरत मोहानी

देखो तो चश्मे यार की जादू निगाहियाँ
बेहोश इक नज़र में हुई अंजुमन तमाम —*हसरत मोहानी*

नहीं आती तो उनकी याद बरसों तक नहीं आती
मगर जब याद आते हैं तो अकसर याद आते हैं —*हसरत मोहानी*

निगाहे यार जिसे आशनाये राज़ करे
वो अपनी ख़ूबिये क़िस्मत पै क्यों न नाज़ करे —*हसरत मोहानी*

दिलों को फ़िक्र दो आलम से कर दिया आज़ाद
तिरे जुनूं का खुदा सिलसिला दराज़ करे —*हसरत मोहानी*

ख़िरद का नाम जुनूं पड़ गया, जुनूं का ख़िरद
जो चाहे आप का हुस्ने करिश्मा साज़ करे —*हसरत मोहानी*

उम्मीदवार हैं हर सिम्त आशिक़ों के गिरोह
तिरी निगाह को अल्लाह दिलनवाज़ करे —*हसरत मोहानी*

ये क्या क़हर है हम पै यारब कि बे मय
गुज़र जाये सावन का यूं ही महीना —*हसरत मोहानी*

पाई है जगह पाकीये दामाने नज़र में
ख़ुशबू-ए-हया ने तिरी चादर से निकल कर —*हसरत मोहानी*

सब से छुपते हैं, छुपें मुझसे तो पर्दा न करें
सैरे-गुलशन वो करें शौक तन्हा न करें —*हसरत मोहानी*

मैं हूं मजबूर तो मजबूर की पुर्सिश है ज़रूर
वो मसीहा हैं तो बीमार को अच्छा न करें —*हसरत मोहानी*

शिकवा-ए-ग़म तिरे हुज़ूर किया
हमने बेशक बड़ा क़ुसूर किया —*हसरत मोहानी*

मिल रहेगा जो उन से मिलना है
लब को शर्मिन्दये दुआ न करें —*हसरत मोहानी*

मर्ज़ी-ए-यार के खिलाफ़ न हो
लोग मेरे लिए दुआ न करें —*हसरत मोहानी*

आज पर क्या वो रोज़ करते हैं
वेरुख़ी वादाहा-ए-शब के खिलाफ़ —*हसरत मोहानी*

वफ़ा तुझ से ऐसे वफ़ा चाहता हूँ
मिरी सादगी देख क्या चाहता हूँ —*हसरत मोहानी*

तिरी आरज़ू है अगर जुर्म कोई
तो उस जुर्म की मैं सज़ा चाहता हूँ —*हसरत मोहानी*

बने वो रौनक़े महफिल जिस अंजुमन में रहे
रहे बहारे चमन जिस चमन में रहे —*हसरत मोहानी*

सर कहीं, बाल कहीं, हाथ कहीं, पाँव कहीं
उनका सोना भी है किस शान का सोना देखा —*हसरत मोहानी*

काम आख़िर जज़्बा-ए-बेइख़्तियार आ ही गया
दिल कुछ इस सूरत से तड़पा उन को प्यार आ ही गया —*जिगर मुरादाबादी*

हाय रे ! हुस्ने तस्व्वुर का फ़रेबे रंगों बू
मैं ये समझा, जैसे वो जाने बहार आ ही गया —*जिगर मुरादाबादी*

जान ही दे दी जिगर ने आज पा-ए-यार पर
उम्र भर की बेक़रारी को क़रार आ ही गया —*जिगर मुरादाबादी*

क्या इसी को कहते हैं रब्तोज़ब्ते हुस्नो इश्क़
शौक़ नारसा अपना, नाज़ कामयाब उनका —*जिगर मुरादाबादी*

इश्क़ ही के हाथों में कुछ सकत नहीं रहती
वरना चीज़ ही क्या है गोशा-ए-नक़ाब उनका —*जिगर मुरादाबादी*

तू जिगर जो रूसवा है, तू ही आह ! रूसवा रह
नाम तो न कर रूसवा, ख़ानुमां ख़राब उनका —*जिगर मुरादाबादी*

इब्तिदा वो थी कि था जीना मुहब्बत में मुहाल
इन्तिहा ये है कि अब मरना भी मुश्किल हो गया —*जिगर मुरादाबादी*

हुजूमे तजल्ली से मामूर होकर
नज़र रह गई शोला-ए-तूर होकर —*जिगर मुरादाबादी*

मुझी में रहे मुझ से मस्तूर होकर
बहुत पास निकले बहुत दूर होकर —*जिगर मुरादाबादी*

तिरे हुस्ने मग़रूर से निस्बतें हैं
कहीं हम न रह जायें मग़रूर होकर —*जिगर मुरादाबादी*

तक़दीर ने उसे भी नज़र से छुपा दिया
रोये लिपट के गर्दे पसे कारवाँ से हम —*जिगर मुरादाबादी*

अब उन का क्या भरोसा वो आएँ या न आएँ
आ ऐ ग़मे मुहब्बत तुझ को गले लगायें —*जिगर मुरादाबादी*

तसल्ली से कह दो ज़रा हाथ रोके
बहुत आम अब दिल की बीमारियाँ हैं —*जिगर मुरादाबादी*

नियाज़ो-नाज़ के झगड़े मिटाये जाते हैं
हम उनमें और वो हममें समाये जाते हैं —*जिगर मुरादाबादी*

ये नाज़े हुस्न तो देखो कि दिल को तड़पाकर
नज़र मिलाते नहीं, मुस्कुराये जाते हैं —*जिगर मुरादाबादी*

मैं अपनी आह के सदक़े कि मेरी आह में भी
तिरी निगाह के अन्दाज़ पाये जाते हैं —जिगर मुरादाबादी

मिलती है उम्रे अबद इश्क़ के मयख़ाने में
ऐ अजल तू भी समा जा मिरे पैमाने में —जिगर मुरादाबादी

हम कहीं आते हैं वाईज़ तेरे बहकाने में
इसी मयख़ाने की मिट्टी इसी मयख़ाने में —जिगर मुरादाबादी

आ कि तुझ बिन इस तरह ऐ दोस्त घबराता हूँ मैं
जैसे हर शय में किसी शय की कमी पाता हूँ मैं —जिगर मुरादाबादी

मेरी हस्ती शौक़े पैहम, मेरी फ़ितरत इज़्तेराब
कोई मंजिल हो मगर गुज़रा चला जाता हूँ मैं —जिगर मुरादाबादी

मेरी ख़ातिर अब वो तकलीफ़े तसल्ली क्यों करें
अपनी गर्दे शौक़ में खुद ही छुपा जाता हूँ मैं —जिगर मुरादाबादी

एक दिल है और तूफ़ाने हवादिस, ऐ जिगर
एक शीशा है कि हर पत्थर से टकराता हूँ मैं —जिगर मुरादाबादी

इलाही एक दुआ है, अगर क़बूल न हो
बहुत ग़रीब है ये दिल, कभी मलूल न हो —जिगर मुरादाबादी

तुझे भी शौक़ न हो, शौक़ भी मलूल न हो
नज़र क़बूल हुई है, असर क़बूल न हो —जिगर मुरादाबादी

कोई गुनाह नहीं, शौक़े दीद, जौक़े नज़र
मगर, जो फ़ुरसते नज्ज़ारगी को तूल न हो —जिगर मुरादाबादी

मुझे दे रहे हैं तसल्लियाँ वो हर एक ताज़ा पयाम से
कभी आके मंज़रे आम पर, कभी हट के मंज़रे आम से —जिगर मुरादाबादी

ये किताबे दिल की है आयतें, मैं बताऊं क्या जो हैं निस्बतें
मिरे सजदा हाय दवाम को, तिरे नक़्शहा-ए-ख़िराम से —*जिगर मुरादाबादी*

वहीं चश्मे हूर फड़क उठी, अभी पी न थी कि बहक गई
कभी यक बयक जो छलक गई, किसी रिंदे मस्त के जाम से —*जिगर मुरादाबादी*

हाले दिल मावराये हाल भी है
इश्क़ मुमकिन भी है मुहाल भी है —*जिगर मुरादाबादी*

दिल के हर इज़्तराबे नाज़ुक में
शाने बेताबिये जमाल भी है —*जिगर मुरादाबादी*

छाये जाते हैं दर्दे दिल बन कर
उस पे ताकीदे ज़ब्ते हाल भी है —*जिगर मुरादाबादी*

हुस्न के हर जमाल में पिन्हाँ
मेरी रानाई-ए-ख़याल भी है —*जिगर मुरादाबादी*

वो दीवाना हूँ मैं, जब से बसाया मैंने ज़िन्दाँ को
न सहरा में उगे कांटे, न गुलशन में बहार आई —*जिगर मुरादाबादी*

मुझे जो अर्ज़े तमन्ना पर हिजाब आया
मिरे सवाल का शर्मिन्दगी जवाब आया —*जिगर मुरादाबादी*

अब और किसका कीजिये दुनिया में ऐतबार
दिल सा रफ़ीक़ वक़्त पे आँखें बदल गया —*फ़रोज़ रामपुरी*

तिरी आँखों में है ऐजाज़ का अन्दाज़ नया
मुझ को जीने न दिया, ग़ैर को मरने न दिया —*फ़रोज़ रामपुरी*

चमका है फूट-फूट के रंग उनके जिस्म का
ग़ोते लगा रहा है दुपट्टा शबाब में —*मीर नासिर अली 'नासिर'*

सब्र बहुत दुश्वार तलब, चाह तिरी ताख़ीर पसन्द
आते-आते आता है, होते-होते होती हैं —*मीर नासिर अली 'नासिर'*

जवानी की जो मैं तारीफ़ करता हूँ तो कहते हैं
जवानी आज आई है, क़यामत हूँ मैं बचपन से —*मीर नासिर अली 'नासिर'*

जलवे किसी के देख के आँखें सी खुल गयीं
पर्दे जो ग़फ़लतों के पड़े थे, उलट गये —*जलाल लखनवी*

वादा क्यों बार-बार करते हो
ख़ुद को बे ऐतबार करते हो —*जलाल लखनवी*

मुझ से मआले दिले महरूम न पूछ
तुझे जो बात है मालूम न पूछ —*वहशी शाहजहाँपुरी*

दिल की हरकत बन्द है, बेनूर हैं आँखें मेरी
आसार ये कहते हैं कि अब वक्ते सहर है —*वहशी शाहजहाँपुरी*

शायद गुबारे दिल का यही इक इलाज है
कुछ देर के लिए तो तबीयत बहल गई —*वहशी शाहजहाँपुरी*

इलाजे-दर्दे-दिल तुम से मसीहा हो नहीं सकता
तुम अच्छा कर नहीं सकते मैं अच्छा हो नहीं सकता —*मुज़्तर ख़ैराबादी*

दमे आख़िर मिरी बाली पै मजमा है हसीनों का
फिर आना ऐ अजल इस वक़्त पर्दा हो नहीं सकता —*मुज़्तर ख़ैराबादी*

उठे, उठ कर चले, चल कर रुके, रुककर कहा होगा
मैं क्यों जाऊं, बहुत हैं उन की हालत देखने वाले —*मुज़्तर ख़ैराबादी*

एक दिन मदफन भी बे नामो निशाँ हो जायेंगे
ख़ाक के तोदे भी नज़रे आस्माँ हो जायेंगे —*मुज़्तर ख़ैराबादी*

हाथ उठे तो अदा हर्फ़े तमन्ना न हुआ
इस दुआगो को दुआ का भी सलीक़ा न हुआ —*हयात बख़्श 'रसा'*

उनकी ये ख़ूबिये-अख़्लाक़ कि वादा तो किया
मेरी ये शोखी-ए-तक़दीर कि ईफ़ा न हुआ —*हयात बख़्श 'रसा'*

जज़्बाये दिल से हम उन को बुला लेते 'रसा'
ये भी कमबख़्त तबीयत को गवारा न हुआ —*हयात बख़्श 'रसा'*

मुजरिम से और पुरसिशे आमाल हश्र में
क्यों कर कहूँ कि शाने करीमी बदल गई —*हयात बख़्श 'रसा'*

अभी तकमील को पहुँची नहीं तामीरे-जुनूं
अभी चलती रहे दीवानों से दीवानों की —*जिगर मुरादाबादी*

हर तरफ़ छा गये पैग़ामे मुहब्बत बन कर
मुझ से अच्छी रही क़िस्मत मेरे अफ़साने की —*जिगर मुरादाबादी*

आये गिरे मुक़ाबिल जिसको हो जोजॅमे तमकीं
तस्वीर खींचता हूँ इक हुस्ने शौला ख़ूँ की —*जिगर मुरादाबादी*

सबा ये उन से हमारा पयाम कह देना
गये हो जब से यहाँ सुबहोशाम ही न हुई —*जिगर मुरादाबादी*

इस इश्क़ की तलाफ़िये माफ़ात देखना
रोने की हसरते हैं जब आंसू नहीं रहे —*जिगर मुरादाबादी*

ये इश्क़ नहीं आसाँ इतना ही समझ लीजे
इक आग का दरिया है और डूब के जाना है —*जिगर मुरादाबादी*

आंसू तो बहुत से है आँखों में 'जिगर', लेकिन
बिंध जाये तो मोती है, रह जाये तो दाना है —*जिगर मुरादाबादी*

उनके बहलाये भी न बहला दिल
रायगाँ सईये इल्तफ़ात गई —*जिगर मुरादाबादी*

मर्गे आशिक़ तो कुछ नहीं 'लेकिन'
इस मसीहा नफ़स की बात गई —*जिगर मुरादाबादी*

तुम मुझ से छूट कर रहे सब की निगाह में
मैं तुम से छूट कर किसी क़ाबिल नहीं रहा —*जिगर मुरादाबादी*

क्या आ गया ख़याल दिले बेक़रार में
ख़ुद आशियाँ को आग लगा दी बहार में —*जिगर मुरादाबादी*

समझाये कौन ? बुलबुले ग़फ़लत सियार को
महदूद कर लिया है चमन तक बहार को —*जिगर मुरादाबादी*

अल्ला ! अल्लाह री वारफ़तिये-इश्क़ मिरी
इस जगह हूँ जहाँ हुस्न भी दीवाना है —*जिगर मुरादाबादी*

ज़ाहिद ने मिरा हासिले ईमां नहीं देखा
रुख़ पर तिरी जुल्फ़ों को परेशां नहीं देखा —*असग़र गोंडवी*

रूदादे-चमन इस तरह सुनता हूँ क़फ़स में
जैसे कभी आँखों से गुलिस्तां नहीं देखा —*असग़र गोंडवी*

क्या मस्तियाँ चमन में हैं जोशे बहार से
हर शाख़े-गुल है हाथ में साग़र लिए हुए —*असग़र गोंडवी*

रिंद जो ज़र्फ़ उठा ले वही साग़र बन जाये
जिस जगह बैठ के पीले वही मयख़ाना बने —*असग़र गोंडवी*

कह के कुछ लाला ओ गुल रख लिया परदा मैंने
मुझ से देखा न गया हुस्न का रुस्वा होना —*असग़र गोंडवी*

रिदा-ए-लाला-ओ-गुल, परदा-ए-महो-अंजुम
जहाँ जहाँ वो छुपे हैं अजीब आलम है —*असग़र गोंडवी*

तुझ से मुक़ाबिले की किसे ताब है वले
मेरा लहू भी ख़ूब है तेरी हिना के बाद —*मो. अली 'जौहर'*

क़त्ले हुसैन असल में मर्गे यज़ीद है
इस्लाम ज़िंदा होता है हर करबला के बाद —*मो. अली 'जौहर'*

बेख़तर कूद पड़ा आतिशे नमरूद में इश्क़
अक़्ल है महवे तमाशाये लबे बाम अभी —*डॉ. इक़बाल*

तिरे इश्क़ की इन्तिहा चाहता हूँ
मिरी सादगी देख क्या चाहता हूँ —*डॉ. इक़बाल*

कोई दम का मेहमां हूँ ऐ अहले महफ़िल
चिराग़े सहर हूँ, बुझा चाहता हूँ —*डॉ. इक़बाल*

भरी बज़्म में राज़ की बात कह दी
बड़ा बे अदब हूँ सज़ा चाहता हूँ —*डॉ. इक़बाल*

तूने ये क्या ग़ज़ब किया ! मुझ को भी फ़ाश कर दिया
मैं ही तो एक राज़ था सीनाए कायनात में —*डॉ. इक़बाल*

बाग़े-बहिश्त से मुझे हुक्मे-सफ़र दिया था क्यों
कारे जहाँ दराज़ है अब मिरा इन्तिज़ार कर —*डॉ. इक़बाल*

मोती समझ के शाने करीमी ने चुन लिए
क़तरे जो थे मिरे अर्क़े इफ़्फ़ेआल के —*डॉ. इक़बाल*

मेहरबानी को मोहब्बत नहीं कहते ऐ दोस्त
हाय ! अब मुझ से तुझे रंजिशे बेजा भी नहीं —*फ़िराक़ गोरखपुरी*

ये नर्म-नर्म हवायें है किस के दामन की
चिराग़े देरो हरम भी हैं झिलमिलाये हुए —*फ़िराक़ गोरखपुरी*

बहुत दिनों में मुहब्बत को ये हुआ मालूम
जो तेरे हिज्र में गुज़री वो रात-रात हुई —*फ़िराक़ गोरखपुरी*

मंजिलें, गर्द की मानिंद उड़ी जाती हैं
वो ही अंदाज़े जहाने गुज़राँ है कि जो था —*फ़िराक़ गोरखपुरी*

हज़ार बार ज़माना इधर से गुज़रा है
नयी-नयी सी है कुछ तेरी रहगुज़र फिर भी —*फ़िराक़ गोरखपुरी*

ग़रज़ कि काट दिये ज़िंदगी के दिन ऐ दोस्त
वो तेरी याद में हों या तुझे भुलाने में —*फ़िराक़ गोरखपुरी*

आज हुस्नो-इश्क़ जैसे हो गये हों मिल के एक
तू ने वो आलम निग़ाहे नाज़ का देखा नहीं —*फ़िराक़ गोरखपुरी*

ले उड़ी तुझ को निगाहे शौक़ क्या जाने कहाँ
तेरी सूरत पर भी अब तेरा गुमाँ होता नहीं —*फ़िराक़ गोरखपुरी*

हमसे क्या हो सका मुहब्बत में
तुमने तो ख़ैर बेवफ़ाई की —*फ़िराक़ गोरखपुरी*

चुप हो गये तेरे रोने वाले
दुनिया का ख़याल आ गया है —*फ़िराक़ गोरखपुरी*

हमने रो-रो के रात काटी है
आँसुओं पर ये रंग तब आया —*असर लखनवी*

ये इत्तिफ़ाक़ तो देखो बहार जब आई
हमारे जोशे जुनूं का वही ज़माना था —*असर लखनवी*

कुछ रोज़ ये भी रंग रहा इंतिज़ार का
आँख उठ गई जिधर बस उधर देखते रहे —*असर लखनवी*

जो सीने में दिल है तो बारे मुहब्बत
उठे या न उठे, उठाना पड़ेगा —*आरज़ू लखनवी*

मुहब्बत नहीं, आग से खेलना है
लगाना पड़ेगा, बुझाना पड़ेगा —*आरज़ू लखनवी*

वो हँस कर अगर हाले दिल पूछ बैठें
जो कुछ याद है भूल जाना पड़ेगा —*आरज़ू लखनवी*

लुत्फ़े बहार कुछ नहीं गो है वही बहार
दिल क्या उजड़ गया कि ज़माना उजड़ गया —*आरज़ू लखनवी*

उल्फ़त भी अजब शै है जो दर्द वही दरमाँ
पानी पे नहीं गिरता जलता हुआ परवाना —*आरज़ू लखनवी*

हुस्नो इश्क़ की आग में अकसर छेड़ उधर से होती है
शम्अ का शोला जब लहराया उड़के चला परवाना भी —*आरज़ू लखनवी*

दर्द सा उठ के न रह जाये कहीं दिल के क़रीब
मेरी कश्ती न कहीं ग़र्क़ हो साहिल के क़रीब —हादी मच्छली शहरी

ऐ मौज़े बला ! उन को भी ज़रा दो चार थपेड़े हल्के से
कुछ लोग अभी तक साहिल से तूफ़ां का नज़ारा करते हैं —*मुईन अहसन 'जज़्बी'*

मेरी ही नज़र की मस्ती से सब शीशा-औ-साग़र रक़्साँ थे
मेरी ही नज़र की गर्मी से सब शीशा औ-साग़र टूट गये —*मुईन अहसन 'जज़्बी'*

मरने की दुआएँ क्यों माँगूँ, जीने की तमन्ना कौन करे
ये दुनिया हो या वो दुनिया, अब ख़्वाहिशे दुनिया कौन करे —*मुईन अहसन 'जज़्बी'*

जब कश्ती साबितो सालिम थी, साहिल की तमन्ना किस को थी
अब ऐसी शिकस्ता कश्ती से साहिल की तमन्ना कौन करे—*मुईन अहसन 'जज़्बी'*

जो आग लगाई थी तुमने, उसको तो बुझाया अश्कों ने
जो अश्कों ने भड़काई है उस आग को ठंडा कौन करे —*मुईन अहसन 'जज़्बी'*

उम्मीदो बीम ने मारा मुझे दो राहे पर
कहाँ के दैरोहरम, घर का रास्ता न मिला —*मिर्ज़ा यगाना लखनवी*

मौत माँगी थी, ख़ुदाई तो नहीं माँगी थी
लो दुआ कर चले अब तर्के दुआ करते हैं —*मिर्ज़ा यगाना लखनवी*

सब्र कहता है कि रफ़्ता-रफ़्ता मिट जायेगा दाग़
दिल ये कहता है कि बुझने की ये चिंगारी नहीं —*मिर्ज़ा यगाना लखनवी*

काबा नहीं कि सारी ख़ुदाई को दख़्ल हो
दिल में सिवाय यार किसी का गुज़र नहीं —*मिर्ज़ा यगाना लखनवी*

हर शाम हुई सुबह को इक ख़्वाबे फ़रामोश
दुनिया यही दुनिया है तो क्या याद रहेगी —*मिर्ज़ा यगाना लखनवी*

ऐ शौक़े नज़ारा क्या कहिये, नज़रों में कोई सूरत ही नहीं
ऐ ज़ौक़े तसव्वुर क्या कीजे, हम सूरते-जानाँ भूल गये —*इसरार-उल-हक़ 'मजाज़'*

आशुफ़्तगी-ए-वहशत की क़सम, हैरत की क़सम, हसरत की क़सम
अब आप कहें कुछ या न कहें, हम राज़े-तबस्सुम पा भी गये
—*इसरार-उल-हक़ 'मजाज़'*

रुदादे ग़मे उल्फत उन से हम क्या कहते, क्योंकर कहते
इक हर्फ़ न निकला छोटों से और आँख में आँसू आ भी गये
—*इसरार-उल-हक़ 'मजाज़'*

कुछ तुझ को ख़बर है हम क्या-क्या ऐ शोरिशे दौराँ भूल गये
वो ज़ुल्फ़े-परीशाँ भूल गये, वो दीदा-ए-गिरियाँ भूल गये

—इसरार-उल-हक़ 'मजाज़'

ये कहके आख़िरे शब शम्अ हो गई ख़ामोश
किसी की ज़िन्दगी लेने से ज़िन्दगी न मिली *—आनंद नारायन मुल्ला*

न जाने किस लिए उम्मीदवार बैठा हूँ
इक ऐसी राह पै जो तेरी रहगुज़र भी नहीं *—फ़ैज़ अहमद फ़ैज़*

अदाये हुस्न की मासूमियत को कम कर दे
गुनहगार नज़र को हिजाब आता है *—फ़ैज़ अहमद फ़ैज़*

रात बाक़ी की जब वो बिछड़े थे
कट गई उम्र रात बाक़ी है *—खुमार बाराबंकवी*

आप को जाते न देखा जाएगा
शम्मा को पहले बुझाते जाइये *—खुमार बाराबंकवी*

ग़म ने इस तरह गिन गिन के बदले लिये
मुस्कुराना भी इक हादसा हो गया *—खुमार बाराबंकवी*

जल के आशियाँ अपना ख़ाक हो चुका कब का
आज तक ये आलम है रोशनी से डरते हैं *—खुमार बाराबंकवी*

मुहब्बत को समझना है तो नादाँ ख़ुद मुहब्बत कर
किनारे से कभी अंदाज़ा-ए-तूफ़ाँ नहीं होता *—खुमार बाराबंकवी*

वो काँटा है कि चुभ के टूट जाये
मुहब्बत की बस इतनी दास्तां है *—खुमार बाराबंकवी*

ख़ुदा बचाये तेरी मस्त मस्त आँखों से
फ़रिश्ता हो तो बहल जाय आदमी क्या है — *ख़ुमार बारावंकवी*

लुत्फ़े दोज़ख भी लुत्फ़े जन्नत भी
हाय क्या चीज़ है मुहब्बत भी — *ख़ुमार बाराबंकवी*

ये वफ़ा की सख़्त राहें ये तुम्हारे पाये नाज़ुक
न लो इन्तक़ाम मुझ से मिरे साथ साथ चल के — *ख़ुमार बाराबंकवी*

कहानी मेरी रूदादे-जहाँ मालूम होती है
जो सुनता है उसी की दास्तां मालूम होती है — *सीमाब अकबराबादी*

मुहब्बत में इक ऐसा वक़्त भी आता है इन्साँ पर
सितारों की चमक से चोट लगती है रगे जाँ पर — *सीमाब अकबराबादी*

अब मुझको है क़रार तो सबको क़रार है
दिल क्या ठहर गया कि ज़माना ठहर गया — *सीमाब अकबराबादी*

कहानी है तो इतनी है फ़रेबे ख़्वाबे हस्ती की
कि आँखें बन्द हों और आदमी अफ़साना हो जाये — *सीमाब अकबराबादी*

अदा से नाज़ से ख़ंजर का मुँह छिपाये हुए
मिरी क़ज़ा को वो लाये दुल्हन बनाये हुए — *फ़ानी बदायूँनी*

इक फ़साना सुन गये इक कह गये
मैं जो रोया मुस्कुरा कर रह गये — *फ़ानी बदायूँनी*

दुश्मने-जाँ थे तो जाने मुद्दआ क्यों हो गये
तुम किसी की ज़िन्दगी का आसरा क्यों हो गये — *फ़ानी बदायूँनी*

इक बर्क़ सरे तूर है लहराई हुई सी
देखा तिरे होठों पे हंसी आई हुई सी — *फ़ानी बदायूँनी*

सिवाय रहमते रब कुछ नहीं है
बहुत कुछ था मगर अब कुछ नहीं हैं —*सफ़ी लखनवी*

गुलशन में कहीं बूये दम साज़ नहीं आती
अल्ला रे सन्नाटा आवाज़ नहीं आती —*सफ़ी लखनवी*

नशेमन न जलता निशानी तो रहती
हमारा था क्या ठीक रहते न रहते —*सफ़ी लखनवी*

कल हम आईने में रुख़ की झुर्रियाँ देखा किये
कारवाँ ने उम्रे रफ़्ता के निशां देखा किये —*सफ़ी लखनवी*

इश्क़ से लोग मना करते हैं
जैसे कुछ अख़्तयार है अपना —*असर लखनवी*

ये इत्तिफ़ाक़ तो देखो बहार जब आई
हमारे जोशे जुनूं का वही ज़माना था —*असर लखनवी*

उरूजे-आदमे ख़ाक़ी से अंजुम सहमे जाते हैं
कि ये टूटा हुआ तारा महे कामिल न बन जाये —*इक़बाल*

ख़ुदी को कर बलन्द इतना कि हर तक़दीर से पहले
ख़ुदा बन्दे से ख़ुद पूछे बता तेरी रज़ा क्या है —*इक़बाल*

अच्छा है दिल के साथ रहे पासबाने अक़्ल
लेकिन कभी कभी इसे तन्हा भी छोड़ दे —*इक़बाल*

मैं बिखर जाऊँगा ज़ंजीर की कड़ियों की तरह
और रह जाएगी इस दश्त में झनकार मिरी —*इक़बाल*

यहाँ किसी को भी कुछ हस्बे आरज़ू न मिला
किसी को हम न मिले और हमको तू न मिला —*इक़बाल*

जुज़ ज़मीने कू-ए-जानाँ कुछ नहीं पेशे निगाह
जिसका दरवाज़ा नज़र आया सदा देने लगा —साक़िब लखनवी

वही शबाब की बातें वही शबाब का रंग
तुझे रियाज़ बुढ़ापे में भी जवाँ देखा *—रियाज़ ख़ैराबादी*

पाऊँ तो इन हसीनों का मुँह चूम लूँ 'रियाज़'
आज उनकी गालियों ने बड़ा ही मज़ा दिया *—रियाज़ ख़ैराबादी*

उनसे छींके से कोई चीज़ उतरवाई है
काम का काम है अँगड़ाई की अँगड़ाई है *—रियाज़ ख़ैराबादी*

अपने मरकज़ की तरफ़ माइले परवाज़ था हुस्न
भूलता ही नहीं आलम तिरी अँगड़ाई का *—अज़ीज़ लखनवी*

ज़बाँ को बन्द करें या मुझे असीर करें
मिरे ख़याल को बेड़ी पिन्हा नहीं सकत *—चकबस्त*

रात के सन्नाटे में हमने क्या क्या धोके खाये हैं
अपना ही जब दिल धड़का तो हम समझे वो आये हैं *—क़तील शिफ़ाई*

मैं रेत के दरिया पे खड़ा सोच रहा हूँ
इस शहर में पानी तो यज़ीदो ने पिया है *—क़तील शिफ़ाई*

हाथ दिया उसने मिरे हाथ में
मैं तो वली बन गया इक रात में *—क़तील शिफ़ाई*

हाथ में काग़ज़ की लिये छतरियाँ
घर से न निकला करो बरसात में *—क़तील शिफ़ाई*

गर्मी-ए-हसरते-नाकाम से जल जाते हैं
हम चराग़ों की तरह शाम से जल जाते हैं *—क़तील शिफ़ाई*

जब भी आता है मिरा नाम तिरे नाम के साथ
जाने क्यूँ लोग मिरे नाम से जल जाते हैं —*क़तील शिफ़ाई*

तुम्हारी अंजुमन से उठ के दीवाने कहाँ जाते
जो वाबस्ता हुए तुमसे वो अफ़साने कहाँ जाते —*क़तील शिफ़ाई*

अब जिसके जी में आये वही पाये रोशनी
हमने तो दिल जला के सरे आम रख दिया —*क़तील शिफ़ाई*

जब भी चाहें इक नई सूरत बना लेते हैं लोग
एक चेहरे पर कई चेहरे सजा लेते हैं लोंग —*क़तील शिफ़ाई*

मिरी मुफ़लिसी से बचकर कहीं और जाने वाले
ये सुकूँ न मिल सकेगा तुझे रेशमी कफ़न में —*क़तील शिफ़ाई*

चाँदी जैसा रंग है तेरा सोने जैसे बाल
एक तू ही धनवान है गोरी बाक़ी सब कंगाल —*क़तील शिफ़ाई*

वो दिल ही क्या तिरे मिलने की जो दुआ न करे
मैं तुझे भूल के ज़िन्दा रहूँ ख़ुदा न करे —*क़तील शिफ़ाई*

न कोई ख़्वाब हमारे हैं न ताबीरें हैं
हम तो पानी पे बनाई हुई तस्वीरें हैं —*क़तील शिफ़ाई*

क़त्ल करने का मिला हुक्म जो दरियाओं में
हमने ख़ुश होके भँवर बाँध लिये पाओं में —*क़तील शिफ़ाई*

तूने ये फूल जो ज़ुल्फ़ों में सजा रखा है
इक दिया है जो अँधेरों में जला रखा है —*क़तील शिफ़ाई*

पहाड़ काटने वाले ज़मीं से हार गये
इसी ज़मीन में दरिया समाये हैं क्या क्या —*यास यगाना*

चले चलो जहाँ से जाए वलवला दिल का
दलीले-राहे मुहब्बत है फ़ैसला दिल का —*यास यगाना*

मुसीबत का पहाड़ आख़िर किसी दिन कट ही जाएगा
मुझे सर मार कर तेशे से मर जाना नहीं आता —*यास यगाना*

चितवनों से मिलता है कुछ सुराग बातिन का
चाल से तो ज़ालिम की, सादगी बरसती है —*यास यगाना*

तुम्हें जिस हाल में सजदा किया है
उसे अल्लाह बेहतर जानता है —*शाद आरफ़ी*

जब चली अपनों की गरदन पर चली
चूम लूँ मुँह आपकी तलवार का —*शाद आरफ़ी*

चन्द बड़े लोगों से मिल कर मैंने ये महसूस किया है
अपनी बाबत नाअहलों को क्या दिलचस्प गुमां होते हैं —*शाद आरफ़ी*

रास्ता है कि कटता जाता है
फ़ासला है कि कम नहीं होता —*क़ाबिल अज़मेरी*

मैं जब इधर से गुज़रता हूँ कौन देखता है
मैं जब इधर से न गुज़रूँगा कौन देखेगा —*मजीद अमजद*

इस जलती धूप में ये घने सायादार पेड़
मैं अपनी ज़िन्दगी इन्हें दे दूँ जो बन पड़े —*मजीद अमजद*

हर एक आदमी उड़ता हुआ बगूला था
तुम्हारे शहर में हम किससे गुफ़्तगू करते —*बाकी सिद्दीक़ी*

तमाम उम्र तेरा इन्तिज़ार हमने किया
इस इन्तिज़ार में किस किससे प्यार हमने किया —*हफ़ीज़ होशियारपुरी*

इन बिजलियों की चश्मके बाहन तो देख लें
जिन बिजलियों से अपना नशेमन क़रीब है —*मुईनअहसन जज़्बी*

दुश्मन की जो चाहे तो मेरी राह में बैठें
मैं एक घना पेड़ सरे राह गुज़र हूँ —*अहमद नदीम क़ासमी*

चाँद जब दूर उफ़ुक़ में डूबा
तेरे लहजे की थकन याद आई —*अहमद नदीम क़ासमी*

पाकर भी नींद उड़ गई थी
खोकर भी तो रत जगे मिले हैं —*अहमद नदीम क़ासमी*

आपसे झुक के जो मिलता होगा
उसका क़द आपसे ऊँचा होगा —*अहमद नदीम क़ासमी*

जिसकी फ़नकार का शहकार हो तुम
उसने बरसों तुम्हें सोचा होगा —*अहमद नदीम क़ासमी*

सारी दुनिया हमें पहचानती है
कोई हमसा भी न तन्हा होगा —*अहमद नदीम क़ासमी*

शोलों की गुफ़्तगू में सबा के ख़िराम में
आवाज़ दे रहा है कोई हम सफ़र मुझे —*ज़मीर जाफ़री*

देखा उन्हें क़रीब से हमने तो रो दिये
जिन बस्तियों को आग लगाने चले थे हम —*खुर्शीद उल इस्लाम*

उजड़ी उजड़ी हर एक आस लगे
जिन्दग़ी राम का बनवास लगे —*जाँ निसार अख़्तर*

आज भी जैसे शाने पर तुम हाथ मिरे रख देती हो
चलते चलते रुक जाता हूँ साड़ी की दूकानों पर —*जाँ निसार अख़्तर*

सस्ते दामों तो ले आते लेकिन दिल था भर आया
जाने किस का नाम खुदा था पीतल के गुलदानों पर —*जाँ निसार अख़्तर*

शहर के तपते फुटपाथों पर गाँव के मौसम साथ चलें
बूढ़े बरगद हाथ सा रख दें मेरे जलते शानों पर —*जाँ निसार अख़्तर*

न कोई ख़्वाब न कोई ख़लिश न कोई खुमार
ये आदमी तो अधूरा दिखाई देता है —*जाँ निसार अख़्तर*

आँखों में जो भर लोगे तो काँटे से चुभेंगे
ये ख़्वाब तो पलकों पे सजाने के लिए हैं —*जाँ निसार अख़्तर*

मैं सो भी जाऊँ तो क्या, मेरी बन्द आँखों में
तमाम रात कोई झाँकता लगे है मुझे —*जाँ निसार अख़्तर*

तिरी सदा का है बरसों से इन्तिज़ार मुझे
मिरे लहू के समन्दर ज़रा पुकार मुझे —*खलील उर्रहमान आज़मी*

क्या कहूँ दीदा-ए-तर ये तो मेरा चेहरा है
संग कट जाते हैं बारिश की जहाँ धार गिरे —*शकेब जलाली*

न इतनी तेज़ चले सरफिरी हवा से कहो
शजर पे एक ही पत्ता दिखाई देता है —*शकेब जलाली*

ये एक अब्र का टुकड़ा कहाँ कहाँ बरसे
तमाम दश्त ही पियासा दिखाई देता है —*शकेब जलाली*

आकर गिरा था कोई परिन्दा लहू में तर
तस्वीर अपनी छोड़ गया है चटान पर —*शकेब जलाली*

एक बार की शुहरत सारी उम्र चलती है
मैं पियूँ जो पानी भी लोग रम समझते हैं —*सुलेमान अदीब*

मैं इस दरख़्त से कमतर हूँ मरतबे में 'हसन'
जो धूप सह के मुसाफ़िर को प्यार देता है —हसन नरीम

वो दुख जो सोये हैं उन्हें जगा दूँगा
मैं आँसुओं से हमेशा तेरा पता दूँगा —साक़ी फ़ारूक़ी

हवा है तेज़ मगर अपना दिल न मैला कर
मैं इस हवा में तुझे दूर तक सदा दूँगा —साक़ी फ़ारूक़ी

वो लफ़्ज़ हाथ ने लिखखे हैं जो न लिखने थे
मैं इस ख़ता पे तुझे उम्र भर सज़ा दूँगा —साक़ी फ़ारूक़ी

एक मुद्दत से चराग़ों की तरह जलती हैं
इन तरसती हुई आँखों को बुझा दो कोई —साक़ी फ़ारूक़ी

दरवाज़ा खुला है कि कोई लौट न जाए
और उसके लिए जो कभी आया न गया है —अतहर नफ़ीस

दोनों ही तो सच्चे थे इल्ज़ाम किसे देते
कानों ने कहा सहरा आँखों ने सुना पानी —अहमद मुश्ताक़

भला हुआ कि कोई और मिल गया तुमसा
वगरना हम भी किसी दिन तुझे भुला देते —खलील रामपुरी

मैं घर की रोशनी हूँ मुझे महफ़िलों से क्या
चेहरों के मैकदों में न देना सदा मुझे —किश्वर नाहीद

फ़ुटपाथ पर पड़े थे तो खाते थे ठोकरें
मन्दिर में जाके बैठ गये और ख़ुदा हुए —सलमान अख़्तर

तेरे आने का इन्तिज़ार रहा
उम्र भर मौसमे बहार रहा —रसा चुग़ताई

अऐ दोस्त तिरा शहर भी है शहरे-तिलिस्मात
छूकर जिसे देखा वही पत्थर नज़र आया — *—ख़ालिद अहमद*

मिरे ख़ुदा मुझे इतना तो मोतबर कर दे
मैं जिस मकान में रहता हूँ उसको घर कर दे — *—इफ़्तिख़ार आरिफ़*

कल चौदवीं की रात थी शब भर रहा चर्चा तिरा
कुछ ने कहा ये चाँद है कुछ ने कहा चेहरा तिरा — *—इब्ने 'इंशा'*

हम भी वहीं मौजूद थे हम से भी सब पूछा किये
हम हँस दिये हम चुप रहे मंज़ूर था परदा तिरा — *—इब्ने 'इंशा'*

न आये नज़्अ में अब क्यों लहद पे रोते हैं
ये कैसी छेड़ निकाली है कह दो सोते हैं — *—'शाद' अज़ीमाबादी*

सौ बार तिरा दामन हाथों में मिरे आया
जब आँख खुली देखा अपना ही गिरेबाँ है — *—'असग़र' गोंडवी*

अभी से हर्फ़े रुख़सत क्यों जब आधी रात बाक़ी है
गुलो शबनम तो होते हैं जुदा आहिस्ता आहिस्ता — *—अहमद 'नदीम' क़ासमी*

आ और आख़री निगह-ए-यास देख जा
शायद फिर इसके बाद अयादत रवा न हो — *—'सीमाब' अकबराबादी*

काँटे की रग में भी है लहू सब्ज़ा ज़ार का
पाला हुआ है वह भी नसीमे बहार का — *—'जोश' मलीहाबादी*

उस नक़्शे-पा के सजदे ने क्या क्या किया ज़लील
मैं कूचा-ए-रक़ीब में भी सर के बल गया — *—मोमिन ख़ाँ 'मोमिन'*

झुक के दाख़िल हुआ तिरे घर में
सर बचाया तो आन टूट गयी — *—'अशहर' हाशमी*

कितनी मुद्दत के बाद तुमसे मिले
मुस्कुराता है प्यार आँसू सा — *बशीर 'बद्र'*

ये तो सच है कि नहीं अपने गिरेबाँ की ख़बर
तेरा दामन तो कई बार सिया है मैंने — *'क़मर' मुरादाबादी*

चल कर कभी हमारे अँधेरे भी देखिये
हम लोग रोशनी में बड़े बा-वक़ार हैं — *'तसनीम' फ़ारूक़ी*

ख़ुद समझ जाओगे उसकी चाहतों का रुख़ है क्या
तुम हवा के सामने मिट्टी उड़ा कर देखना — *मुमताज़ 'राशिद'*

दिल की गहराइयों का राज़ किसी से न कहो
आज जो दोस्त है दुश्मन कभी हो सकता है — *डॉ. 'सलाम' सन्देलवी*

परियों के देस की ये कहानी भी ख़ूब है
बच्चों को माँ ने आज भी भूका सुला दिया — *ना मालूम*

तुम हुस्न हो, मैं इश्क़ हूँ, तुम जान हो, मैं जिस्म
मेरा जवाब है ना तुम्हारा जवाब है — *'जिगर' मुरादाबादी*

तिरे ख़याल के दीवारो दर बनाते हैं
हम अपने घर में भी तेरा ही घर बनाते हैं — *जमीलउद्दीन 'आली'*

अल्लाह रे पाबन्दी-ए-आदाबे मुहब्बत
गुलशन में रहे और गुलिस्ताँ नहीं देखा — *'जिगर' मुरादाबादी*

बहला न दिल न तीरगिये शामे ग़म गयी
ये जानता तो आग लगाता न घर को मैं — *'फ़ानी' बदायूँनी*

पसीना निज़आ का माथे पे आया आईना लाओ
हम अपनी ज़िन्दगी की आख़री तस्वीर देखेंगे — *अहसान 'दानिश'*

वतन की याद सताती है जब वतन में नहीं
वतन के लोग सताते थे जब वतन में थे —*नामालूम*

अँधेरा माँगने आया था रोशनी की भीख़
हम अपना घर न जलाते तो और क्या करते —*'नज़ीर' बनारसी*

आदत के बाद दर्द भी देने लगा है लुत्फ़
हँस हँस के आह आह किये जा रहा हूँ मैं —*'आरज़ू' लखनवी*

रोंदे है नक़्शे-पा की तरह ख़ल्क़ याँ मुझे
ऐ उम्रे रफ़्ता छोड़ गयी तू कहाँ मुझे —*ख़्वाज़ा मीर 'दर्द'*

दिल के फफोले जल उठे सीने के दाग़ से
इस घर को आग लग गयी घर के चराग़ से —*नामालूम*

यूँ तो वो मेरी रगे जां से भी थे नज़दीक तर
आँसुओं की धुंद में लेकिन न पहचाने गये —*ख़ातिर ग़ज़नवी*

चली भी जा जरस-ए-गुचे की सदा पे नसीम
कहीं तो कफ़िला-ए-नौ बहार ठहरेगा —*मुस्हफ़ी बदायूनी*

दास्तां उनकी अदाओं की है रंगीं लेकिन
इस में कुछ ख़ूने तमन्ना भी है शामिल मेरा —*असग़र गोंडवी*

ख़ुद-ग़र्ज़ हैं ये उजालों के परस्तार बहुत
सुबह होते ही चिराग़ों को बुझा देते हैं —*'नसीम' शाहजहांपुरी*

तर्के तअल्लुक़ात को इक लम्हा चाहिए
लेकिन तमाम उम्र मुझे सोचना पड़ा —*फ़ना कानपुरी*

तारा टूटते सबने देखा पर ये न देखा एक ने भी
किस की आँख से आंसू टपका किसका सहारा टूट गया —*आरज़ू लखनवी*

हम बहुत दिन जिये हैं दुनिया में
हमसे पूछो के ख़ुदकुशी क्या है —सलमान अख़्तर

खंडर दयारे वफ़ा का कुरेद कर देखो
हमारे नाम का पत्थर ज़रूर निकलेगा —गौहर उस्मानी

पीछे बँधे हैं हाथ मगर शर्त है सफ़र
किस से कहें के पाँव का कांटा निकाल दे —ताज भोपाली

आज उनका ख़त आया चाँद से लिफ़ाफ़े में
रात के अंधेरे में उंगलियाँ चमकती हैं —कैफ भोपाली

ये शायर हैं इलाही या मुस्सवर पेशा हैं कोई
नये नक़्शे, निराली सूरतें, ईजाद करते हैं —आतिश

रुमाओ ख़ूब नहीं तबूअ की रवानी में
कि बू फ़साद की आती है बन्द पानी में —ज़ौक़

कितना है बदनसीब ज़फ़र दफ़्न के लिये
दो गज़ ज़मीन भी न मिली कूये यार में —ज़फ़र

ख़ुदा जाने ये दुनिया जलवागाहे नाज़ है किस की
हज़ारों उठ गये लेकिन वही रौनक़ है मजलिस की —आसीर लखनवी

बाक़ी रहे न फ़र्क़ ज़मीं आसमान में
अपना क़दम उठा लें अगर दरम्याँ से हम —सबा

अँगड़ाई भी वो लेने न पाए उठा के हाथ
देखा जो मुझे तो छोड़ दिये मुसकरा के हाथ —'निज़ाम' रामपुरी

ये जो चुपके से आए बैठे हैं
लाख फ़ितने उठाए बैठे हैं —नामालूम

वाए नादानी कि वक़्ते-मर्ग ये साबित हुआ
ख़्वाब था जो कुछ कि देखा जो सुना अफ़साना था —*दर्द*

किस्मत तो देख टूटी है जा कर कहाँ कमन्द
कुछ दूर अपने हाथ से जब बाम रह गया —*क़ायम*

मुझे ज़ंजीर कर रखा है इन शहरी ग़ज़ालों ने
नहीं मालूम मेरे बाद वीराने पे क्या गुज़री —*यक़ीन*

चली सिम्ते-ग़ैब से इक हवा कि चमन सरूर का जल गया
मगर एक शाख़े निहाले ग़म जिसे दिल कहें वह हरी रही —*सिराज़*

न छेड़ ऐ निकहते बादे बहारी राह लग अपनी
तुझे अठखेलियाँ सूझी हैं हम बेज़ार बैठे हैं —*'इंशा'*

गई थी कह के, मैं लाती हूँ ज़ुल्फ़े-यार की बू
फ़िरी तो बादे सबा का दिमाग़ भी न मिला —*जलाल लखनवी*

ये बज़्मे-मय है याँ कोताह दस्ती में हैं महरूमी
जो बढ़ के ख़ुद उठा ले हाथ में मीना उसी का है —*शाद अज़ीमाबादी*

रूदादे चमन सुनता हूँ इस तरह क़फ़स में
जैसे कभी आँखों ने गुलिस्ताँ नहीं देखा —*असगर गोंडवी*

काम है मेरा तग़य्युर, नाम है मेरा शबाब
मेरा नारा इन्क़लाबो इन्क़लाबो इन्क़लाब —*जोश मलीहाबादी*

रहे दो दो फ़रिश्ते साथ अब इन्साफ़ क्या होगा
किसी ने कुछ लिखा होगा, किसी ने कुछ लिखा होगा —*हरिचन्द अख़्तर*

आज कल के दोस्त क्या हैं जिस तरह काग़ज़ के फूल
देखने में ख़ुशनुमा बूए वफ़ा कुछ भी नहीं —*प्यारे साहब रशीद*

जिगर किसी का जले, दिल जले दिमाग़ जले
वो कह गये हैं आएँगे हम चराग़ जले —*यकरंग*

बराबरी का तिरे गुल ने जब ख़याल किया
सबा ने मार तमाचा मुँह उसका लाल किया —*हैदर बख़्श हैदरी*

जादू है या तिलिस्म तुम्हारी ज़ुबान में
तुम झूठ कह रहे थे मुझे एतबार था —*बेख़ुद देहलवी*

ये कह दो जाके वाइज़ से अगर समझाने आये हैं
कि हम दैरो हरम होते हुए मैख़ाने आये हैं —*हैरत गोंडवी*

ना साथ देंगी ये दम तोड़ती हुई शमएँ
नये चराग़ जलाओ के रोशनी कम है —*शाहिद सिद्दीक़ी*

सर में सौदा भी नहीं, दिल में तमन्ना भी नहीं
लेकिन इस तर्के मुहब्बत का भरोसा भी नहीं —*फ़िराक़ गोरखपुरी*

बिन तुम्हारे भी जी गई अब तक
तुमको क्या ख़ुद मुझे यक़ीन नहीं —*नामालूम*

बड़ी अहतियात-तलब है ये जो शराब साग़रे दिल में है
जो छलक गई तो छलक गई जो भरी रही तो भरी रही —*बेनज़ीर शाह*

तमाम उम्र इसी अहतियात में गुज़री
कि आशियाँ किसी शाख़े चमन पे बार न हो —*महशर लखनवी*

ख़ामा-ए-क़ुदरत ने दिल का नाम ये कह कर लिखा
हर जगह इस लफ़्ज़ के माने बदलते जाएँगे —*अज़ीज़ लखनवी*

अल्लाह शबे हिज्र दुबारा न दिखाये
पहरों तो मुझे याद तिरा नाम न आया —*नामालूम*

तेरे दर तक आते आते सारी दुनिया छूट गई
इक दरिया में डूब गये हम इक दरिया को पार किया —*नामालूम*

मैं उसका फूल हूँ लेकिन खिला हूँ जंगल में
हवा की तरह वो आये तो मैं दिखाई दूँ —*नामालूम*

आपकी याद अब आये भी तो महसूस न हो
दिल है देहात की सोई हुई राहों की तरह —*नाज़िश प्रतापगढ़ी*

मुझे ज़िन्दगी की दुआ देने वाले
हँसी आ रही है तिरी सादगी पर —*गोपाल मित्तल*

बड़ा पथराव है ख़्वाबों के नाज़ुक आबगीने पर
हज़ारों ज़ुल्मतों में इक किरन की आज़माइश है —*आल अहमद सरुर*

लगा रहा हूँ मज़ामीने नौ के फिर अम्बार
ख़बर करो मिरे ख़िरमन के, ख़ोशा चीनो को —*मीर अनीस*

कह दो मीरो ग़ालिब से शेर हम भी कहते हैं
वो सदी तुम्हारी थी ये सदी हमारी है —*मंज़र भोपाली*

मेरी शोहरत का इश्तहार अभी
उसकी दीवार तक नहीं पहुँचा —*अनवर हुसैन अनवर*

मेरी शोहरत सियासत से महफ़ूज़ है
ये तवायफ़ भी इस्मत बचा ले गई —*बशीर 'बद्र'*

एक तक़रीर सिर्फ़ काफ़ी है
क्या ज़रूरत दियासलाई की —*विजय वाते*

रात को फ़ुटपाथ मत रोशन करो
हम ग़रीबो को बिछौना चाहिए —*मलिकज़ादा जावेद*

भीख देना तो फ़सीलो से उतर कर देना
इस बलन्दी से ख़ुदा रिज़्क अता करता है *—राही हमीदी*

मैं भी आऊँगा किसी रोज़ खिलौने लेकर
मेरे बच्चों को फ़क़त इतनी ख़बर कर देना *—राही हमीदी*

बहुत मुश्किल है नाजुक जिस्म वालो सबको ख़ुश रखना
कई हाथों में रहने से खिलौने टूट जाते हैं *—तसनीम फ़ारुक़ी*

यूँ मेरे ख़त का जवाब आया
लिफ़ाफ़े में इक गुलाब आया *—नुसरत बद्र*

दीवारे ख़स्तगी हूँ मुझे हाथ मत लगा
मैं गिर पड़ूँगा देख मुझे आसरा न दे *—'इक़बाल मसूद'*

किसने भीगे हुए बालों से ये छटका पानी
झूम के आयी घटा टूट के बरसा पानी *—आरज़ू लखनवी*

गुंचों के मुस्कुराने पे कहते हैं हँस के फूल
अपना करो ख़याल हमारी तो कट गई *—शाद अज़ीमाबादी*

बहुत क़रीब के लोगों से ये शिकायत है
मिरे ख़ुतूत का मिलता नहीं जवाब मुझे *—परवीन सबा*

लोग क़िस्तों में मुझे क़त्ल करेंगे शायद
सबसे पहले मिरी आवाज़ पे दीवार गिरी *—क़ैसर उल जाफ़री*

समन्दरों में पहुँच कर फ़रेब मत देना
अगर कहो तो किनारे पे डूब जाऊँ मैं *—क़ैसर उल जाफ़री*

जो पेड़ मैंने लगाये थे अपने हाथों से
मैं उनके साये में अब सर झुका के चलने लगा *—मुहसिन अहसान*

मिरे बच्चे खड़े हैं बाल्टी लेकर क़तारों में
कुएँ, तालाब, नहरें, और फ़व्वारे बनाता हूँ —*मुज़फ़्फ़र हनफ़ी*

वफ़ा, अख़लास, क़ुर्बानी, मुहब्बत
अब इन लफ़्ज़ों का पीछा क्यूँ करें हम —*'जान एलिया'*

उस बलन्दी से मुझे तूने नवाज़ा क्यूँ था
गिर के मैं टूट गया काँच के बर्तन की तरह —*'मुर्तज़ा बरलास'*

चुप के आलम में वो तस्वीर सी सूरत उसकी
बोलती है तो बदल जाती है रंगत उसकी —*'शहजाद अहमद'*

चरागे़ बज़्म अभी जाने अंजुमन न बुझा
कि ये बुझा तो तिरे खद दो ख़ाल से भी गये —*अज़ीज़ हामिद मदनी*

दिल की दीवार गिर गयी शायद
अपनी आवाज़ लॉन में आयी —*बाक़ी सिद्दीक़ी*

अब के बसंत आयी तो आँखें उजड़ गयीं
सरसों के खेत में कोई पत्ता हरा न था —*बिमल कृष्ण अश्क़*

चिराग़ टिमटिमा रहे हैं ज़ुल्मतों की छाँव में
के जैसे ताईर-क़फ़स घुटी-घुटी फ़िज़ाओं में —*क़तील 'शिफ़ाई'*

जो रुके तो संगे गिरां थे हम जो चले तो जां से गुज़र गये
रहे यार हमने क़दम-क़दम तुझे यादगार बना दिया —*फ़ैज़ अहमद फ़ैज़*

कोई जलता ही नहीं कोई पिघलता ही नहीं
मोम बन जाओ पिघल जाओ कि कुछ रात कटे —*मख़्दूम*

ख़ुद अपनी दीद से अंधी हैं आँखें
ख़ुद अपनी गूँज से बहरा हुआ हूँ —*सलीम अहमद*

मिट्टी का जिस्म लेके चले हो तो सोच लो
इस रास्ते में एक समन्दर भी आएगा —सलीम शाहिद

तूने कहा न था कि मैं कश्ती पे बोझ हूँ
चेहरे को अब न ढाँप मुझे डूबते भी देख —शकेब जलाली

शाम ही से सो गये हैं लोग आँखें मूँदकर
किसका दरवाज़ा खुलेगा किसके घर जाएगी रात —शहजाद अहमद

कौन मेरा पूजने वाला है जो आगे बढ़े
मैं अकेला देवता जलते हुए मन्दिर में हूँ —रियाज़ मजीद

जो हो सके हमें पामाल कर के आगे बढ़
न हो सके तो हमारा जवाब पैदा कर —मजाज़ रुदौलवी

लोग मरने के लिये ज़हर पिया करते हैं
ज़िन्दगी तेरे लिये ज़हर पिया है मैंने —ख़लीलुर्रहमान आज़मी

चले तो पाँव के नीचे कुचल गई कोई शै
नशे की झोंक में देखा नहीं कि दुनिया है —शहाब जाफरी

उनकी ख़ुश्बू से महकती मेरी साँसों के सिवा
और इस बाग़ में अय बादे सहर कुछ भी नहीं —मैकश अकबराबादी

मंज़िल की धूप बन के सिमटने लगे हो तुम
हम गर्दे राह होके भी राहों के साथ हैं —ऐजाज़ रिछीरी

यूँ मिरी सिम्त न देखा उसने
मुझको ही देख रहा हो जैसे —मैकश अकबराबादी

क्या जानिये मंज़िल है कहाँ जाते हैं किस सिम्त
भटकी हुई इस भीड़ में सब सोच रहे हैं —शरेब जलाली

दहर के अन्धे कुएँ में कस के आवाजा लगा
कोई पत्थर फेंक कर पानी का अन्दाज़ा लगा —*इक़बाल साजिद*

रात के जिस्म से जब साये लिपट जायेंगे
मैं भी रो लूँगा सिसकती हुई दीवार के साथ --*'ऐजाज़ राही'*

पाबन्दियाँ तो सिर्फ़ लगी थीं ज़बान पर
महसूस ये हुआ के मिरे हाथ कट गये —*शहज़ाद अहमद*

पतझड़ की सर्द रात में शाख़ों से ज़र्द चाँद
आँखों से आँसुओं की तरह टूटते रहे —*हामिद सरोश*

उसने किस नाज़ से बख़्शी है मुझे जा-ए-पनाह
यूँ कि दीवार सलामत हो मगर घर न रहे —*नामालूम*

कुछ लोग जी रहे हैं शराफ़त को बेचकर
थोड़ी बहुत उन्हीं से शराफ़त ख़रीदिए —*अहमद मुश्ताक़*

इस इश्क के दर्द की कौन दवा बस एक वज़ीफ़ा है एक दुआ
पढ़ो मीर, फ़क़ीर के बैत कबित, सुनो शेर नज़ीरो वली दखनी —*इब्ने इंशा*

ऐसी रातें भी हम पे गुज़री हैं
तेरे पहलू में तेरी याद आई —*खलीलुर्रहमान आज़मी*

दुनिया ने तजुर्बातो-हवादिस की शक्ल में
जो कुछ मुझे दिया वही लौटा रहा हूँ मैं —*साहिर लुधियानवी*

इस बज़्मे तमन्ना से थे साथ चले दोनों
मुझ से भी बहुत आगे पहुँची मिरी तन्हाई —*खामोश गाज़ीपुरी*

किसी का कौन हुआ यूँ तो उम्र भर फिर भी
ये हुस्नो इश्क तो धोखा है सब मगर फिर भी —*फ़िराक़*

ख़ाक मंज़िल के मुँह पे मलता हूँ
याद गोर शिकस्ता पाई है —जिगर मुरादाबादी

शीशा टूटे गुल मच जाये
दिल टूटे आवाज़ न आये —हफ़ीज़ मेरठी

सुब्हे सादिक़ की हवा में दर्द था कितना मुनीर
रेल की सीटी सुनी तो दिल लहू से भर गया —मुनीर नियाज़ी

वो मिरी रूह की उलझन का सबब जानता है
जिस्म की प्यास बुझाने पे भी राज़ी निकला —साक़ी फ़ारूक़ी

दुख मिरा देखो कि अपने साथियों जैसा नहीं
मैं बहादुर हूँ मगर हारे हुए लश्कर में हूँ —रियाज़ मजीद

अगर ये फूल ये अपने लिये ख़रीदे हैं
कोई जो पूछे तो कह दूँगा उसने भेजे हैं —इफ़्तिख़ार नसीम

आग अपने ही लगा देते हैं
ग़ैर तो सिर्फ़ हवा देते हैं —मुहम्मद अलवी

भूले हैं रफ़्ता-रफ़्ता उन्हें मुद्दतों में हम
क़िस्तों में ख़ुदक़शी का मज़ा हम से पूछिए —ख़ुमार बाराबंकवी

इतना भी न हो सहन कि दर तक मैं पहुँच कर
दर खोलूँ तो दरवेशे दुआ-गो ही चला जाये —महशर बदायूँनी

हाथ से किसने साग़र पटका मौसम की बेकैफ़ी पर
इतना बरसा टूट के बादल डूब गया मयख़ाना भी —आरज़ू लखनवी

अव्वल शब वो बज़्म की रौनक शम्मा भी थी परवाना भी
रात के आख़िर होते होते ख़त्म था ये अफसाना भी —आरज़ू लखनवी

आज इतनी भी मयस्सर नहीं मयख़ाने में
जितनी हम छोड़ दिया करते थे पैमाने में —*दिवाकर राही*

देना किसी का साग़रे मय याद है 'निज़ाम'
मुँह फेर कर इधर को उधर को बढ़ा के हाथ —*निज़ाम*

महफ़िले वाज़ तो ता-देर रहेगी क़ायम
ये है मयख़ाना अभी पी के चले आते हैं —*क़ायम चाँदपुरी*

कुछ और माँगना मेरे मशरब में कुफ़्र है
ला अपना हाथ दे मेरे दस्ते सवाल में —*सिराज लखनवी*

शबे विसाल बहुत कम है आसमाँ से कहो
कि जोड़ दे कोई टुकड़ा शबे जुदाई का —*नामालुम*

शायद इसी का नाम मुहब्बत है शेफ़्ता
इक आग सी है सीने के अन्दर लगी हुई —*शेफ़्ता*

'नासरी' क़ब्र पे इबरत के लिए लिखवा दो
तूल खींचा है यहाँ तक शबे तन्हाई ने —*नासरी लखनवी*

चमकते बोलते शहरों को क्या हुआ 'नासिर'
कि दिन में भी मेरे घर की वही उदासी है —*नासिर काज़मी*

तुझको हर फूल में उरयाँ होते
चाँदनी रात ने देखा होगा —*नासिर काज़मी*

तुम ज़माने की राह से आए
वरना सीधा था रास्ता दिल का —*बाक़ी सिद्दीक़ी*

वो अगर जा भी चुका है तो न खोलो आँखें
अभी महसूस किए जाओ रिफ़ाक़त उसकी —*शहज़ाद अहमद*

तुम्हें देख कर हाथ फैला दिये हैं
नहीं जानता हूँ कि क्या चाहता हूँ —*बहज़ाद लखनवी*

परदे की तरह मुझको पड़ा रहने दीजिए
उठ जाऊँगा तो साफ़ नज़र आइएगा आप —*नज़ीर बनारसी*

अँधेरे माँगने आये थे रौशनी की भीक
हम अपना घर न जलाते तो और क्या करते —*नज़ीर बनारसी*

उसके करम की बात न पूछो उसके करम का कहना क्या
इक दरवाज़ा बन्द करे है सौ दरवाज़े खोले है —*आलम फ़तेहपुरी*

आ भी सकता है पलट कर कोई आवारा मिज़ाज
दैरो-काबा में चराग़ों को जलाये रखिये —*सईद अख़्तर*

शाम होती है तो सब घर की तरफ़ जाते हैं
जितने दरिया हैं समन्दर की तरफ़ जाते हैं —*अंजुम रूमानी*

उन्हीं रास्तों ने जिन पर कभी तुम थे साथ मेरे
मुझे रोक रोक पूछा तिरा हमसफ़र कहाँ है —*बशीर 'बद्र'*

इन्हीं पत्थरों पे चलकर अगर आ सको तो आओ
मेरे घर के रास्ते में कोई कहकशां नहीं है —*मुस्तुफ़ा ज़ैदी*

अब हवाएँ खुद करेंगी रौशनी का फ़ैसला
जिस दिये में जान होगी वो दिया रह जाएगा —*महशर बदायूँनी*

ये धूप तो हर रुख़ से परेशान करेगी
क्यूँ ढूँढ़ रहे हो किसी दीवार का साया —*अतहर नफ़ीस*

ईंटें जाने कब हरकत में आ जायें
जाने किस दिन चुन ले ये दीवार मुझे —*अतीक़ुल्ला*

ख़ौफ़ आता है क़दम रखते हुए पानी में मुझे
इतना प्यासा न हो पी जाये ये दरिया मुझको —*अतीक़ुल्ला*

मैं उसी मोड़ पे सदियों से खड़ा हूँ कि जहाँ
एक आवाज़ ये आई थी कि हम आते हैं —*वेद दीवाना*

दीवार क्या गिरी मेरे कच्चे मकान की
लोगों ने मेरे सहन से रस्ते बना लिये —*सिब्ते सबा*

वतन की रेत मुझे एड़ियाँ रगड़ने दे
मुझे यक़ीन है पानी यहीं से निकलेगा —*नामालूम*

वो अक्स बन के मेरी चश्मे-तर में रहता है
अजीब शख़्स है पानी के घर में रहता है —*बिस्मिल साबरी*

लोग टूट जाते हैं एक घर बनाने में
तुम तरस नहीं खाते बस्तियाँ जलाने में —*बशीर बद्र*

कोई हाथ भी न मिलायेगा जो गले मिलोगे तपाक से
ये नये मिज़ाज का शहर है ज़रा फ़ासले से मिला करो —*बशीर बद्र*

जी बहुत चाहता है सच बोलें
क्या करें हौसला नहीं होता —*बशीर बद्र*

हमसे मजबूर का गुस्सा भी अजब बादल है
अपने ही दिल से उठे अपने ही दिल पे बरसे —*बशीर बद्र*

बड़े लोगों से मिलने में हमेशा फ़ासला रखना
जहाँ दरिया समन्दर से मिला दरिया नहीं रहता —*बशीर बद्र*

कुछ तो मजबूरियाँ रही होंगी
यूँ कोई बेवफ़ा नहीं होता —*बशीर बद्र*

पलकें भी चमक उठती हैं सोते में हमारी
आँखों को अभी ख़्वाब छुपाने नहीं आते —*बशीर बद्र*

मुसाफ़िर हैं हम भी मुसाफ़िर हो तुम भी
किसी मोड़ पर फिर मुलाक़ात होगी —*बशीर बद्र*

ज़िन्दगी तूने मुझे क़ब्र से कम दी है ज़मीं
पाँव फैलाऊँ तो दीवार में सर लगता है —*बशीर बद्र*

धूप पहाड़ों के आँगन में हर मौसम के कपड़े पहने
राख का कुरता धूल की लुंगी अपना भेस पुराना बाबा —*बशीर बद्र*

इश्क़ की इन्तिहा तो होती है
दर्द की इन्तिहा नहीं होती —*शमशेर बहादुर सिंह*

हो चुकी जब ख़त्म अपनी ज़िन्दगी की दास्ताँ
उनकी फ़रमाइश हुई है इसको दोबारा कहें —*शमशेर बहादुर सिंह*

शहीदों की चिताओं पर लगेंगे हर बरस मेले
वतन पर मरनेवालों का यही बाक़ी निशाँ होगा —*जगदम्बा प्रसाद मिश्र 'हितैषी'*

मुझको उस वैद्य की विद्या पे तरस आता है
भूखे लोगों को जो सेहत की दवा देता है —*गोपालदास 'नीरज'*

आग लेकर हाथ में पगले जलाता है किसे
जब न ये बस्ती रहेगी तू कहाँ रह जाएगा —*गोपालदास 'नीरज'*

बड़ा सा घाव है बस्ती के दिल में
ज़रा सी बात पर झगड़ा हुआ था —*ज्ञान प्रकाश विवेक*

हवाएँ हाथ में कैंची उठा के निकली है
परिन्दे आज तू अपनी उड़ान रहने दे —*ज्ञान प्रकाश विवेक*

हमने माना कि ये पत्थर का शहर है लेकिन
ये ज़रूरी तो नहीं ख़ुद को बना लो पत्थर —*ज्ञान प्रकाश विवेक*

आदमी कोई नहीं, हम घूम आये हर गली
या तो बस्ती हिन्दुओं की या मुसलमानों की है —*डॉ. हनुमान नायडू*

आदमी दिन-ब-दिन गिरा नीचे
और ऊपर उठे मकान यहाँ —*भवानी शंकर*

आदमी की बात ही मत कीजिए
रोज बिकता है ख़ुदा बाज़ार में —*ज़हीर कुरैशी*

गाहकों की क्या कमी है दोस्तो
माल होना चाहिए दूकान में —*रामकुमार कृषक*

नन्ही सी चिड़िया बाज के पंजों में देखकर
सपनों में रात भर उसे बिटिया दिखाई दी —*मंगल नसीम*

एक पल में जी लिये पूरे बरस पच्चीस हम
आज जब बिटिया दिखी साड़ी तेरी पहनी हुई —*विजय वाते*

अब तो हर त्यौहार का हमको पता चलता है तब
जब पुलिस की गश्त आयी शहर के बाज़ार में —*डॉ. उर्मिलेश*

रात को आदमी जिबह करके
वो सुबह चींटियाँ चुगाते हैं —*शिवओम अम्बर*

कौन सा सत्संग सुनकर आये थे बस्ती के लोग
लौटते ही दो क़बीलों की तरह लड़ने लगे —*राजगोपाल सिंह*

मैं उसको ढूँढ़ तो लूँ मगर कुछ पता चले
आवाज़ उसने दी है मुझे किस मक़ाम से —*देवकी नन्दन 'शान्त'*

सिर्फ़ होने से कुछ नहीं होता
अपने होने का हक़ अदा कीजे

—राजू रंगीला

मेरे दिल के किसी कोने में इक मासूम सा बच्चा
बड़ों की देखकर दुनिया बड़ा होने से डरता है

—राजेश रेड्डी

हमने देखा है कई ऐसे ख़ुदाओं को यहाँ
सामने जिनके वो सचमुच का ख़ुदा कुछ भी नहीं

—राजेश रेड्डी

हम पर दुख का परबत टूटा तब हमने दो चार कहे
उसपे भला क्या बीती होगी जिसने शेर हज़ार कहे

—बालस्वरूप राही

कैसे पता चले कि ये पतझर है या बहार
ऐ दोस्त कोई पेड़ नहीं आसपास में

—हरजीत सिंह

चाहकर भी तो तेरे पास नहीं आ सकते
पाँव मजबूर हैं धरती पे दरख़्तों की तरह

—डॉ. अजय जनमेजय

ये सुरंगों का शहर इसमें भला
कैसे रोशनदान कैसी खिड़कियाँ

—प्रदीप चौबे

उदासियों से घिरा चाँद था बुलन्दी पर
तिरे ख़याल की छत पर उदास था मैं भी

—सुरेश कुमार

कोई शिल्पी उसे यूँ छोड़ गया
वह न मूरत है अब न पत्थर है

—हरेराम समीप

बारहा तुंद हवाएं चलीं तूफ़ां आए
लेकिन इक फूल से चिपटी हुई तितली न गिरी

—मजीद अमजद

क्यूं न मेहमानों के कमरे में सजायें इनको
इल्म का नाम किताबों के सिवा कुछ न रहा

—किश्वर नाहिद

दुश्मनी जम कर करो लेकिन ये गुंजाइश रहे
जब कभी हम दोस्त हो जाएं तो शर्मिंदा न हों —बशीर बद्र

दीवारों पर दस्तक देते रहिएगा
दीवारों में दरवाज़े बन जाएंगे —कुंअर बेचैन

फूस की छानी उड़ी थी आंधियों के साथ कल
आज आटा दाल भी गीला हुआ बौछार में —इंद्रपाल सिंह

जिसके ख़्वाबों में मिली मुझको हमेशा ठंडक
साथ है अब वो मेरे गर्म हवाओं की तरह —मधु चतुर्वेदी

जिसपे झूले पड़े थे वो पीपल हरा
अब सजावट के सामां सा गमलों में है —विजय वाते

मैं खिलौनों की दुकानें खोजता ही रह गया
और मेरे फूल से बच्चे सयाने हो गए —प्रभात शंकर

कढ़ी भात खट्टी चटनी और दाल पराठे गोभी के
दही दूध अदरक लहसुन सी गंध सुहानी अम्मा की —मधुरिमा सिंह

मेरे प्यारे बचपन की वो एक सहेली माँ
नन्हे नन्हे हाथ को थामे एक हथेली माँ —मधुरिमा सिंह

कल के बारे में ज़ियादा सोचना अच्छा नहीं
चाय के कप से लबों का फ़ासला है ज़िंदगी —विजय वाते

मेरे सुख़न की आग में जलने लगा है वो
इस आईने में और सँवरने लगा है वो —मदन मोहन साहिल

आज भी आदम की बेटी हण्टरों की ज़द में है
हर गिलहरी के बदन पर धारियाँ होंगी ज़रूर —राज गोपाल सिंह

तुहमतें आएँगी नादिर शाह पर
आप दिल्ली रोज़ ही लूटा करें

—अनवर जलालपुरी

आख़िरी शेर

मेरी अल्लाह से बस इतनी दुआ है 'राशिद'
मैं जो उर्दू में वसीअत लिखूँ बेटा पढ़ ले

—राशिद आरफ़ी

ग़ज़ल 2000 का ये इन्तख़ाब अभी अधूरा है, इसमें वो शेर शामिल नहीं कर पाये हैं, जो सिर्फ़ देवनागरी में छपे हैं। हम और हमारा संपादक मंडल इस पर मेहनत कर रहा है, और हम जल्द ही एक और इन्तख़ाव पेश करेंगे, जिसमें सिर्फ़ देवनागरी में छपे शेर भी होंगे। **—बशीर बद्र**

अनुक्रमणिका

●●●

डॉ. बशीर बद्र का एक प्रसिद्ध शे'र

एक तक़रीर सिर्फ़ काफी है
क्या ज़रूरत दियासलाई की

—विजय वाते

आधुनिक उर्दू शायरी के निर्माता

आधुनिक उर्दू शायरी के निर्माता

आधुनिक उर्दू शायरी के निर्माता

ग़ज़ल की किताब तय्यब बद्र (7 साल) के नाम

जो अभी इस मिस्रे
का शायर है

अपनी छत को तोड़ोगे तो तुम भी टूट जाओगे